Backen

DIE BESTEN REZEPTE

Emma Patmore

Der Text dieses Buches entspricht den Regeln
der neuen deutschen Rechtschreibung.

Originaltitel: „What's Cooking. Baking"

Fotos: Iain Bagwell
Layout: Digital Artworks Partnership Ltd
Übersetzung: Johann Dorfner
Redaktion: Dr. Reitter & Partner Verlag GmbH/Ralf Labitzky
Satz und Herstellung: Dr. Reitter & Partner Verlag GmbH

817 2635 4453 6271

02 01 00 99

Inhalt

Einleitung

Dieses üppig illustrierte Buch macht Sie mit all den Tricks und Kniffen vertraut, die Sie zur Zubereitung der beliebtesten traditionellen Backrezepte kennen sollten. Überdies erfahren Sie hier auch, wie Sie mit den weniger bekannten oder neuartigen Zutaten, die heutzutage in jedem Supermarkt erhältlich sind, viele neue Rezepte ausprobieren können. Klare, in einzelnen Schritten aufgebaute Anweisungen erleichtern es Ihnen, sich die nötigen Techniken für traditionelle, von Generation zu Generation überlieferte Backrezepte wie auch für ihre modernen Varianten anzueignen.

DESSERTS AUS DEM OFEN

Ergötzen Sie sich an der Auswahl von Nachtischen und Desserts, die Ihnen das 1. Kapitel dieses Buches bietet. Sie werden für jede Gelegenheit etwas finden, wie etwa solch unwiderstehliche Rezepte für Pavlova, Orangengebäck mit Baiser, Schokoladensoufflé und andere Schokoladenköstlichkeiten. Sie können sicher sein, dass jedes Familienmitglied hier ein persönliches Lieblingsdessert entdecken wird. Außerdem ermöglicht Ihnen dieses Kapitel, Ihre Tarte- und Strudelrezepte zu erweitern und zu perfektionieren. Die gestürzte Apfeltarte wird Ihnen daher ebenso gelingen wie die Mandelcremetarte mit Obst, die Vanille- oder die Honigtarte.

BROT & GEBÄCK

Brot selbst zu backen macht Spaß und erlaubt es Ihnen, die verschiedensten Geschmacksrichtungen auszuprobieren, wie etwa von sonnengetrockneten Tomaten, Knoblauch, Mangos und Olivenöl. Sie können so eine große Vielzahl von interessanten Variationen der unterschiedlichsten Brote und Brötchen ausprobieren. Außerdem finden Sie im 2. Kapitel weitere vielseitige Rezepte, beispielsweise für Zwiebelkuchen, Zwiebel-Sellerie-Torteletts, Käsesoufflé und pikante Scones.

VEGETARISCH BACKEN

Im 3. Kapitel finden Sie vegetarische Rezepte aus lauter gesunden Zutaten, die mindestens ebenso gut schmecken wie herkömmliches Gebäck. Dazu gehören der Linsen-Paprika- und der gestürzte Ananaskuchen, die Dattel-Aprikosen-Tarte oder die Paranusspastete mit Pilzen.

KUCHEN & PLÄTZCHEN

Verwandeln Sie gewohnte Kuchen und Plätzchen durch gekonnte Abwandlungen in aufregende neue Kreationen! Dabei helfen Ihnen die Rezepte in Kapitel 4 und 5. Sie finden in beiden Kapiteln unwiderstehliche Kuchenrezepte – für Marmorkuchen und Frucht-Nuss-Kuchen mit Olivenöl etwa – wie auch leckere Rezepte für Plätzchen und Makronen, zum Beispiel Vanilleherzen, Haselnussschnitten und Schokoladenmakronen.

SO BACKT MAN KUCHEN

Es gibt einige grundsätzliche Regeln, die man beim Backen beachten muss, und das gilt ganz besonders beim Kuchenbacken:

- Lesen Sie vorher das Rezept ganz und genau durch.
- Wiegen Sie alle Zutaten exakt ab, und bereiten Sie sie wie angegeben vor (reiben, hacken etc.), ehe Sie mit der eigentlichen Zubereitung beginnen.
- Die wichtigsten Kuchenzutaten sollten bei Zimmertemperatur gelagert werden.
- Mischungen, die zu einer cremigen Masse verquirlt werden, zum Beispiel aus Butter und Zucker, sollten fast weiß und zähflüssig sein. Man kann das Verquirlen mit einem Schneebesen erledigen; mit einem elektrischen Handrührgerät spart man jedoch Zeit und Kraft.
- Das Unterheben einer Zutat erfolgt mit einem Holzlöffel oder einem Spatel. Dabei sollte man so behutsam wie möglich vorgehen und eine 8-förmige Bewegung ausführen.
- Man sollte einen Kuchen erst aus dem Ofen nehmen, wenn er wirklich durch ist. Um das zu testen, können Sie mit den Fingern leicht auf die Oberfläche drücken, die fest, aber elastisch sein sollte. Zuverlässiger ist es, ein Holz- oder Metallstäbchen hineinzustecken. Wenn beim Herausziehen kein Teig mehr daran haften bleibt, ist der Kuchen gar.
- Lassen Sie einen Kuchen zunächst in der Form ein wenig abkühlen. Zum Auskühlen setzen oder stürzen Sie ihn dann auf ein Kuchengitter.

SO BACKT MAN STRUDEL & TARTES

Wenn Sie Strudel oder Tartes backen, beachten Sie bitte die folgenden Regeln:

- Sieben Sie die Trockenzutaten in eine Schüssel, fügen Sie das Fett in Scheiben hinzu, und mengen Sie es unter das Mehl.
- Kneten Sie jeweils etwas Fett behutsam mit den Fingerspitzen unter das Mehl, sodass eine Mischung entsteht, die an feine Semmelbrösel erinnert. Beim Einkneten sollte man die Mischung mit den Händen etwas auflockern, damit Luft zutreten kann.
- Binden Sie die Mischung mit ausreichend Flüssigkeit zu einem weichen Teig. Wickeln Sie den Teig in Folie, und lassen Sie ihn mindestens 30 Minuten ruhen.

Desserts aus dem Ofen

Jede Mahlzeit wird durch einen Nachtisch abgerundet. Dafür bietet dieses Kapitel seinen Lesern eine Reihe von wohlschmeckenden Rezepten für die ganze Familie. Sie finden darin Desserts aus Obst, Schokolade, Zitrusfrüchten und vielem mehr, die allesamt einfach zuzubereiten sind und herrlich schmecken. Überdies werden Sie neue Varianten altbekannter Rezepte entdecken.

Zartweich, streuselförmig oder auf der Zunge zergehend, ist der Grundteig das Geheimnis vieler Rezepte. In einigen Fällen wird auch Mürbeteig verwendet, und man sollte immer daran denken, dass ein lockerer Teig immer zu einem weit besseren Ergebnis führt als ein allzu fester.

Wo die Verwendung von Fertig-Mürbeteig oder Fertig-Blätterteig empfohlen wird, kann man jederzeit auf die im Supermarkt erhältlichen Produkte zurückgreifen, die in der Regel von ausgezeichneter Qualität sind.

Evas Versuchung

Diesem Nachtisch aus einem üppigen Apfelboden und leichtem, mit Butter angerührtem Biskuit wäre auch Adam im Paradies erlegen.

Für 6 Personen

ZUTATEN

- 500 g geschälte, vom Kerngehäuse befreite und in Spalten geschnittene Äpfel
- 75 g Kristallzucker
- 1 El Zitronensaft
- 50 g Sultaninen
- 75 g Butter
- 75 g Feinzucker
- 1 verquirltes frisches Ei
- 150 g Weizenmehl Type 405
- 1/2 Pck. Trockenbackhefe
- 3 EL Milch
- 2 EL Mandelplättchen
- Vanillecreme oder Crème double zum Servieren

1 Eine feuerfeste Form von ca. 1 Liter ausfetten.

2 Die Äpfel mit Kristallzucker, Zitronensaft und Sultaninen vermengen. Die Mischung in die gefettete Form geben.

3 In einer Schüssel Butter und Feinzucker cremig rühren, bis eine helle Mischung entsteht. Portionsweise das Ei unterziehen.

4 Das Mehl mit der Hefe vermengen und in die Mischung einarbeiten; Milch zugeben, sodass ein weicher nasser Teig entsteht.

5 Die Mischung über die Äpfel geben und das Ganze mit den Mandelplättchen bestreuen.

6 Im vorgeheizten Ofen bei 180 °C (Gas: Stufe 2) 40 bis 45 Minuten backen, bis der Biskuit goldbraun ist.

7 Den Apfelkuchen heiß mit Vanillesauce oder Crème double servieren.

TIPP

Um den Mandelgeschmack zu unterstreichen, kann man in Schritt 4 mit dem Mehl 2 EL geriebene Mandeln dazugeben.

2

4

5

Orangengebäck mit Baiser

Bei dieser Version eines alten Rezepts wird durch Zugabe von Orangenschale und -marmelade ein fruchtiger Geschmack erzielt.

Für 8 Personen

ZUTATEN

600 ml Milch
2 EL Butter
225 g Feinzucker
fein abgeriebene Schale von
1 unbehandelten Orange
je 4 frische Eigelb und Eiweiß
75 g frische Semmelbrösel
1 Prise Salz
6 EL Orangenmarmelade

1 Eine feuerfeste 1,5-Liter-Form ausfetten.

2 Für den Boden die Milch in einem Topf zusammen mit der Butter, 50 g Zucker und der Orangenschale leicht erhitzen, sodass alles warm, aber nicht heiß wird.

3 Die Eigelbe in einer Schüssel verquirlen. Nach und nach unter Rühren die warme Milch darüber geben.

4 Die Semmelbrösel untermengen, die Mischung in die Form geben, 15 Minuten ruhen lassen.

5 Die Masse im vorgeheizten Ofen bei 180 °C (Gas: Stufe 2) 20 bis 25 Minuten backen, bis die Mischung fest geworden ist. Aus dem Ofen nehmen, diesen aber noch nicht abschalten.

6 Für das Baiser die Eiweiße unter Zugabe von einer Prise Salz steif schlagen. Den übrigen Zucker ebenfalls nach und nach unterrühren.

7 Die Marmelade über den Boden geben und darauf die Baisermasse sorgfältig bis zum Rand der Form verstreichen.

8 Das Ganze in den Ofen geben und weitere 20 Minuten backen, bis das Baiser knusprig und goldbraun ist.

TIPP

Wenn Sie das Baiser noch knuspriger mögen, backen Sie es einfach 5 Minuten länger.

Aromatische Brotspeise

Früchte und Gemüse bestimmen den Geschmack dieses einfachen Gerichts, für das man auch mehrere Tage altes trockenes Brot verwenden kann.

Für 6 Personen

ZUTATEN

200 g in Scheiben geschnittenes Weißbrot
50 g weiche Butter
2 EL Sultaninen
2 EL Orangeat und Zitronat
600 ml Milch
4 frische Eigelb
75 g Feinzucker
1/2 TL Kräuterpulvermischung

1 Eine feuerfeste 1,5-Liter-Form ausfetten.

2 Evtl. die Brotrinden entfernen. Die Scheiben mit Butter bestreichen und in Viertel schneiden.

3 Die Hälfte der Butterbrotscheiben in der feuerfesten Form anrichten. Die Hälfte der Sultaninen sowie vom Orangeat und Zitronat darauf streuen.

4 Die übrigen Brotscheiben darauf legen und die übrigen Sultaninen sowie Schalen darüber streuen.

5 Für die Crememasse die Milch in einem Topf erhitzen, bis sie fast kocht. Die Eigelbe sowie den Zucker in einer Schüssel verquirlen und dann die Milch dazugießen.

6 Die warme Creme durch ein Sieb passieren und anschließend über das Brot gießen.

7 Ca. 30 Minuten ruhen lassen und dann mit dem gemischten Kräuterpulver bestreuen.

8 Die feuerfeste Form in einen zur Hälfte mit heißem Wasser gefüllten großen Bräter stellen.

9 Im vorgeheizten Ofen bei 200 °C (Gas: Stufe 3) 40 bis 45 Minuten backen. Warm servieren.

TIPP

Das Gericht kann man bis Schritt 7 vorbereiten und dann bis zum Backen beiseite stellen.

Pflaumenauflauf

Falls es gerade keine Pflaumen, gibt kann dieses beliebte Dessert auch mit jeder anderen Obstsorte zubereitet werden.

Für 6 Personen

ZUTATEN

1 kg entkernte und in Spalten geschnittene Pflaumen
100 g Feinzucker
1 EL Zitronensaft

250 g Weizenmehl Type 405
75 g Kristallzucker
2 TL Backpulver
1 verquirltes frisches Ei

150 ml Buttermilch
75 g zerlassene und abgekühlte Butter
Crème double zum Servieren

1 Eine feuerfeste 2-Liter-Form leicht ausfetten.

2 Pflaumen, Zucker, Zitronensaft und 2 EL vom Weizenmehl in einer großen Schüssel vermischen.

3 Die überzogenen Pflaumen mit einem Löffel auf den Boden der vorbereiteten Backform geben.

4 Das übrige Mehl, den Kristallzucker und das Backpulver separat vermischen.

5 Das Ei, die Buttermilch und die abgekühlte zerlassene Butter hinzufügen. Alles zu einem weichen Teig verrühren.

6 Den Teig löffelweise auf den Pflaumenboden geben, bis er fast vollständig damit bedeckt ist.

7 Im vorgeheizten Ofen bei 180 °C (Gas: Stufe 2) 35 bis 40 Minuten goldbraun backen, bis der Kuchen Blasen wirft.

8 Den Auflauf heiß zusammen mit Crème double servieren.

TIPP

Wenn Sie keine Buttermilch haben, verwenden Sie saure Sahne.

3

5

6

Überbackene Brombeerspeise

Am besten bereitet man sie zu der Jahreszeit zu, in der die Brombeeren reifen. Man kann aber auch Johannis- oder Stachelbeeren verwenden.

Für 4 Personen

ZUTATEN

500 g Brombeeren
75 g Feinzucker
1 frisches Ei
75 g feiner brauner Zucker
75 g zerlassene Butter
8 EL Milch
125 g Weizenmehl Type 405
1/2 Pck. Trockenbackhefe

1 Eine große feuerfeste 1-Liter-Form leicht ausfetten.

2 In einer Schüssel die Brombeeren behutsam mit dem Zucker vermengen, bis sie mit ihm überzogen sind.

3 Die Brombeer-Zucker-Mischung in die vorbereitete Backform geben.

4 In einer weiteren Schüssel den feinen braunen Zucker und das Ei verrühren. Die zerlassene Butter und die Milch darunter rühren.

5 Das Mehl über die Eier-Butter-Mischung sieben, die Hefe dazugeben und alles zu einem weichen Teig verrühren.

6 Den Teig behutsam über die Brombeer-Zucker-Mischung in die feuerfeste Form geben.

7 Alles im vorgeheizten Ofen bei 180 °C (Gas: Stufe 2) etwa 25 bis 30 Minuten lang backen, bis die Teigdecke fest und goldbraun ist.

8 Mit etwas Zucker bestreuen und heiß servieren.

VARIATION

Sie können in Schritt 5 zwei Esslöffel Kakaopulver zu dem Teig geben, wenn Sie ein Schokoladenaroma bevorzugen.

Himbeertörtchen

Bei diesem begehrten Sommergericht umschließen zwei knusprige Biskuitteigscheiben eine Mischung aus Himbeeren und leicht verquirlter Sahne.

Für 8 Personen

ZUTATEN

175 g Weizenmehl Type 405
1/2 Pck. Trockenbackhefe
100 g gewürfelte Butter
75 g Feinzucker
1 frisches Eigelb
1 EL Rosenwasser

600 g leicht geschlagene süße Sahne
200 g Himbeeren sowie einige mehr zum Garnieren

ZUM GARNIEREN:
Puderzucker
Minzeblättchen

1 Zwei Backbleche leicht ausfetten.

2 Das Mehl in eine Schüssel sieben, die Hefe untermischen.

3 Die Butter mit den Fingern darunter kneten, bis das Ganze eine bröselige Masse ergibt.

4 Den Zucker, das Eigelb sowie das Rosenwasser zu der Mischung geben und alles mit den Fingern zu einem weichen Teig verkneten. Diesen halbieren.

5 Jede Hälfte zu einer Scheibe von etwa 20 cm Ø ausrollen und jeweils auf ein Backblech legen. Die Ränder in kleinen Abständen eindrücken.

6 Den Teig im vorgeheizten Ofen bei 200 °C (Gas: Stufe 3) ca. 15 Minuten leicht braun backen. Die Biskuitscheiben auf ein Kuchengitter legen und abkühlen lassen.

7 Die Sahne mit den Himbeeren vermischen und auf eine der Biskuitscheiben geben. Die andere darauf legen, mit Puderzucker bestreuen sowie mit Himbeeren und Minzeblättchen garnieren.

TIPP

Man kann den Teig auch im Voraus zubereiten und in einem luftdichten Behälter aufbewahren.

Pavlova

Diese legendäre Nachspeise stammt aus Australien.
Am besten reicht man dazu leicht saure Früchte, um so die Süße des Baisers auszugleichen.

Für 6 Personen

ZUTATEN

3 frische Eiweiß
1 Prise Salz

175 g Feinzucker
300 g leicht geschlagene süße Sahne

frisches Obst nach Wahl (Himbeeren, Erdbeeren, Pfirsiche, Passionsfrüchte, Kapstachelbeeren)

1 Ein Backblech mit Backpapier auslegen.

2 Die frischen Eiweiße mit der Prise Salz in einer Schüssel verquirlen, bis eine steife Masse entsteht.

3 In kleinen Portionen den Zucker hinzugeben; dabei jeweils gut verquirlen, bis sich der Zucker gut vermischt hat.

4 Drei Viertel der Baisermasse so auf das Backblech geben, dass eine runde Form von etwa 20 cm Ø entsteht.

5 Auf deren Rand rundum die übrige Baisermasse löffelweise setzen, sodass schließlich eine Art Nest entsteht.

6 Das Baiser im vorgeheizten Ofen bei 140 °C (Gas: Stufe 1) ca. 75 Minuten backen.

7 Den Ofen ausschalten, aber die Pavlova noch darin lassen, bis sie zur Gänze abgekühlt ist.

8 Die Pavlova auf einen Teller geben. Mit der leicht geschlagenen Sahne bedecken und das Obst darauf arrangieren.

TIPP

Das Baisernest abends zubereiten und über Nacht im ausgeschalteten Ofen lassen.

VARIATION

Wenn Sie es mit der Form der Pavlova besonders genau nehmen, zeichnen Sie einen Kreis auf das Backpapier, drehen es dann um und geben das Baiser darauf.

Gehaltvolle Schokoladensoufflés

Kleine Soufflés machen sich am Ende einer Mahlzeit immer gut.

Für 6 Personen

ZUTATEN

125 g weiche Butter
150 g feiner brauner Zucker
3 verquirlte frische Eier
1 Prise Salz
2 EL Kakaopulver
125 g Weizenmehl Type 405
1/2 Pck. Trockenbackhefe
2 EL fein geraspelte Zartbitterschokolade
75 g fein geraspelte weiße Schokolade

FÜR DIE SAUCE:
150 Crème double
75 g feiner brauner Zucker
2 EL Butter

1 Sechs Souffléförmchen von jeweils etwa 175 ml Inhalt leicht ausfetten.

2 In einer Schüssel die Butter und den Zucker zu einer lockeren Creme verrühren. Nacheinander die Eier dazuschlagen und jeweils gründlich verrühren.

3 Salz, Kakaopulver, Mehl sowie Hefe zu der cremigen Masse geben und darunterheben. Die geraspelte Schokolade unter die Mischung geben und gut darin verrühren.

4 Die Masse auf die vorbereiteten Souffléförmchen verteilen. 6 Quadrate aus Alufolie leicht ausfetten und damit die Förmchen abdecken. An den Rändern gut verschließen.

5 Die Förmchen in einen Bräter stellen und diesen bis zur halben Förmchenhöhe mit kochendem Wasser füllen.

6 Im vorgeheizten Ofen bei 180 °C (Gas: Stufe 2) etwa 50 Minuten backen, bis der Souffléteig fest ist (Stäbchenprobe!).

7 Die Förmchen aus dem Bräter nehmen und zum Abkühlen beiseite stellen, während man die Sauce vorbereitet.

8 Für die Sauce die Crème, den Zucker und die Butter in einem Topf bei mäßiger Hitze zum Kochen bringen; köcheln lassen, bis sich der Zucker aufgelöst hat.

9 Ein Messer zwischen die Form und das Soufflé stecken und damit rundherum fahren Auf einen Teller stürzen. Die Sauce darauf geben und sofort servieren.

Schokoroulade

Durch die Zugabe von Nüssen und Rosinen erhält dieser Kuchen seine ganz besondere Konsistenz, die der von Brownies ähnelt.

Für 8 Personen

ZUTATEN

- 150 g klein gebröckelte Zartbitterschokolade
- 3 EL Wasser
- 175 g Feinzucker
- je 5 frische Eigelb und Eiweiß
- 2 EL gehackte ungeschwefelte Rosinen
- 2 EL gehackte Pekannüsse
- 1 Prise Salz
- 300 g leicht geschlagene süße Sahne
- Puderzucker zum Bestäuben

1 Eine ca. 20 x 30 cm große Rehrückenform ausfetten, mit Backpapier auslegen und dieses ebenfalls fetten.

2 Die Schokolade zusammen mit dem Wasser in einem Topf bei geringer Hitze schmelzen; zum Abkühlen beiseite stellen.

3 In einer Schüssel den Zucker und die Eigelbe 2 bis 3 Minuten mit einem Quirl cremig rühren.

4 Die abgekühlte Schokolade, die Rosinen und die Pekannüsse daruntermischen.

5 Die Eiweiße in einer separaten Schüssel mit dem Salz verrühren. Erst nur ein Viertel der Eiweißmasse unter die Schokoladenmischung heben, dann den Rest. Dabei schnell und behutsam vorgehen.

6 Die Mischung in die Rehrückenform geben und im vorgeheizten Ofen bei 180 °C (Gas: Stufe 2) ca. 25 Minuten backen. Abkühlen lassen, dann mit nichtklebendem Backpapier sowie einem sauberen feuchten Geschirrtuch bedecken und auskühlen lassen.

7 Danach die Roulade auf ein neues Stück Backpapier legen, das vorher mit Puderzucker bestreut wurde, und das alte Backpapier entfernen.

8 Die Sahne auf die Roulade streichen. Dabei an der Schmalseite beginnen und den Biskuit auf dem Papier von sich weg rollen. Die Enden der Roulade abschneiden und diese dann auf eine Servierplatte oder einen Servierteller geben. Bis zum Servieren in den Kühlschrank stellen. Vorher kann man sie noch mit etwas Puderzucker bestreuen.

Gefülltes Früchtenest

Eine einfache Weise, Obstkuchen zuzubereiten: Man rollt den Teig aus, füllt ihn mit den Früchten und schlägt die Ecken ein. Dazu passt Speiseeis.

Für 8 Personen

ZUTATEN

Butter für das Blech

FÜR DEN TEIG:
200 g Weizenmehl Type 405
100 g in kleine Stücke geschnittene Butter
1 EL Wasser
je 1 frisches Eigelb und Eiweiß
klein gebröckelte Zuckerwürfel zum Bestreuen

FÜR DIE FÜLLUNG:
600 g vorbereitetes Obst (Rhabarber, Stachelbeeren, Pflaumen, Mirabellen)
75 g feiner brauner Zucker
1 EL Ingwerpulver

1 Ein großes Backblech mit Butter ausfetten.

2 Für den Teig das Weizenmehl in eine Schüssel geben und die klein geschnittene Butter mit den Fingerspitzen bröselig einarbeiten. Das Wasser dazugeben und alles zu einem weichen Teig kneten. Diesen einwickeln und 30 Minuten ruhen lassen.

3 Dann den Teig zu einem großen runden Fladen von etwa 35 cm Ø ausrollen.

4 Den Teigfladen auf die Mitte des ausgefetteten Backblechs geben und mit dem Eigelb bepinseln.

5 Für die Füllung das vorbereitete Obst mit dem Zucker sowie dem Ingwerpulver vermengen und dann das Ganze auf die Mitte des Teigfladens häufen.

6 Die Ränder des Teigfladens rundum einschlagen. Die Außenseite des Teigs mit Eiweiß bepinseln und dann mit dem gebröckelten Zucker bestreuen.

7 Den Teig im auf 200 °C (Gas: Stufe 3) vorgeheizten Ofen ca. 35 Minuten goldbraun backen. Warm servieren, evtl. mit Eis.

TIPP

Wenn der Teig beim Ausrollen reißt, ihn einfach wieder zusammendrücken, da er ohnehin von grober Struktur ist.

Früchtetarte mit Streuseln

Diese Tarte zeichnet sich durch den zweifachen Geschmack ihrer Fruchtfüllung in Kombination mit den Nussstreuseln aus.

Für 8 Personen

ZUTATEN

FÜR DEN TEIG:
150 g Weizenmehl Type 405
2 EL Feinzucker
125 g Butterflöckchen
1 EL Wasser

FÜR DIE FÜLLUNG:
250 g Himbeeren
500 g halbierte, entkernte und in Spalten geschnittene Pflaumen
3 EL brauner Kristallzucker

ZUM SERVIEREN:
Schlagsahne

FÜR DIE STREUSEL:
125 g Weizenmehl Type 405
75 g brauner Kristallzucker
100 g in kleine Stücke geschnittene Butter
100 g gehackte gemischte Nüsse
1 TL Zimtpulver

1 Für den Teig das Mehl, den Zucker sowie die Butter in eine Schüssel geben und die Butter mit den Fingern bröselig einarbeiten. Das Wasser dazufügen und die Mischung zu einem weichen Teig kneten. Einwickeln und 30 Minuten ruhen lassen.

2 Den Teig zu einem runden Fladen ausrollen und damit eine Quicheform von ca. 24 cm Ø auslegen. Rundum gut andrücken, den Boden mit einer Gabel anstechen und alles weitere 30 Minuten ruhen lassen.

3 Für die Füllung die Himbeeren sowie die Pflaumen mit dem Zucker vermengen und auf den Teig geben.

4 Für den Streuselbelag das Mehl, den Zucker und die Butter vermischen. Alles mit den Fingerspitzen verkneten, bis eine bröselige Masse entsteht. Die Nüsse und das Ingwerpulver darin verrühren.

5 Die Brösel über das Obst streuen und das Ganze im vorgeheizten Ofen bei 200 °C (Gas: Stufe 3) 20 bis 25 Minuten goldbraun backen. Die Tarte serviert man mit Schlagsahne.

Käse-Apfel-Tarte

Gehackte Äpfel und Datteln in Verbindung mit braunem Zucker und geriebenem Käse verleihen dieser süßen Tarte einen besonderen Reiz.

Für 8 Personen

ZUTATEN

175 g Weizenmehl Type 405
1 TL Backpulver
1 Prise Salz
1/2 Pck. Trockenbackhefe
75 g feiner brauner Zucker
100 g entkernte gehackte Datteln
500 g vom Kerngehäuse befreite und geraspelte Tafeläpfel
50 g gehackte Walnusshälften
50 ml Sonnenblumenöl
2 frische Eier
175 g geriebener würziger Hartkäse

1 Eine Quicheform von etwa 23 cm Ø zunächst ausfetten und dann mit Backpapier auslegen.

2 Das Mehl, das Backpulver und das Salz in eine Schüssel sieben. Die Hefe, den braunen Zucker sowie die gehackten Datteln, Äpfel und Walnüsse dazugeben. Alles gut verrühren.

3 Das Öl sowie die Eier verquirlen und die Mischung ebenfalls in die Schüssel geben. Das Ganze gut miteinander verrühren.

4 Die Hälfte der Mischung in die Backform geben und die Oberfläche glatt streichen.

5 Mit dem Käse bestreuen, dann die übrige Teigmischung darüber geben und bis zum Rand der Quicheform verstreichen.

6 Die Tarte im vorgeheizten Ofen bei 180 °C (Gas: Stufe 2) in 45 bis 50 Minuten goldbraun backen.

7 In der Form etwas abkühlen lassen. Warm servieren.

TIPP

Wenn etwas übrig bleibt, die Reste im Kühlschrank aufbewahren und später im Ofen aufwärmen.

2

3

5

Gestürzte Apfeltarte

Dieser kleine französische Apfelkuchen eignet sich immer als wohlschmeckendes Dessert.

Für 8 Personen

ZUTATEN

125 g Butter
125 g Feinzucker
4 geviertelte und vom Kerngehäuse befreite Äpfel
250 g fertiger Mürbeteig
Schlagsahne zum Servieren

1 Die Butter und den Zucker in einer Pfanne von ca. 23 cm Ø bei mittlerer Hitze 5 Minuten erhitzen, bis die Mischung zu karamellisieren beginnt. Dann vom Herd nehmen.

2 Die Äpfel mit der Schale nach unten in der Pfanne anrichten. Vorsicht! Die Butter-Zucker-Mischung ist sehr heiß. Die Pfanne wieder auf den Herd stellen; alles 2 Minuten köcheln lassen.

3 Den Mürbeteig auf einer leicht bemehlten Arbeitsfläche zu einem runden Fladen ausrollen, der etwas größer als die Pfanne ist.

4 Den Teig auf die Äpfel geben und sorgfältig andrücken, vor allem am Pfannenrand, damit die Apfelschicht gut abgeschlossen ist.

5 Den Teig im vorgeheizten Ofen bei 200 °C (Gas: Stufe 3) in 20 bis 25 Minuten goldbraun backen. Aus dem Ofen nehmen und etwa 10 Minuten zum Abkühlen beiseite stellen.

6 Einen Servierteller auf die Pfanne legen und diese umdrehen, sodass die unterste Schicht oben zu liegen kommt. Den Kuchen warm mit der Schlagsahne servieren.

VARIATION

Sie können statt der Äpfel auch Birnen verwenden. Lassen Sie die Schalen daran, vierteln Sie sie, und entfernen Sie das Kerngehäuse.

Honigtarte

Dieses altbewährte angelsächsische Kuchenrezept findet immer wieder neue Freunde. Mit Fertigteig ist es besonders schnell gemacht.

Für 8 Personen

ZUTATEN

250 g fertiger Mürbeteig
350 g heller flüssiger Honig
125 g frische Semmelbrösel
125 g Crème double
fein abgeriebene Schale von 1 unbehandelten Zitrone oder Orange
2 EL frisch gepresster Zitronen- oder Orangensaft
Vanillesauce zum Servieren

1 Den Mürbeteig ausrollen und den Boden einer Quicheform von ca. 20 cm Ø damit auslegen. Rundum gut andrücken, die Reste abschneiden und aufbewahren. Mit einer Gabel Löcher in den Boden stechen und den Teig im Kühlschrank ruhen lassen.

2 Aus den Teigresten kleine Muster ausstechen, zum Beispiel Blätter, Sterne, Herzen oder Ähnliches, um damit später den Kuchen zu dekorieren.

3 Den Honig, die Semmelbrösel, die Crème double, die Zitronen- oder Orangenschale und den Zitronen- oder Orangensaft verrühren.

4 Die Mischung auf den Teig geben, den Rand mit den Teigmustern dekorieren.

5 Die Tarte im vorgeheizten Ofen bei 200 °C (Gas: Stufe 3) 35 bis 40 Minuten lang backen, bis die Füllung fest ist.

6 Den Kuchen in der Form leicht abkühlen lassen. Herausnehmen und mit Vanillesauce servieren.

VARIATION

Man kann mit den Teigresten auch ein Gittermuster auf der Oberseite des Kuchens arrangieren.

2

3

4

Apfeltarte mit Trockenobst und Honig

Frische Äpfel ergeben zusammen mit Trockenobst und Honig eine delikate feuchte Füllung für Kuchen und Tartes.

Für 8 Personen

ZUTATEN

FÜR DEN TEIG:
150 g Weizenmehl Type 405
2 EL Feinzucker
125 g Butterflöckchen
1 EL Wasser

FÜR DIE FÜLLUNG:
400 g klein gehacktes Trockenobst
3 vom Kerngehäuse befreite geraspelte Äpfel
1 EL Zitronensaft
50 g heller flüssiger Honig
50 g Butter

1 Für den Teig das Mehl sowie den Zucker in eine Schüssel geben und die Butter mit den Fingerspitzen bröselig einarbeiten.

2 Das Wasser dazufügen und die Mischung so lange kneten, bis ein weicher Teig entstanden ist. Einwickeln und 30 Minuten im Kühlschrank ruhen lassen.

3 Den Teig auf einer leicht bemehlten Arbeitsfläche ausrollen. Eine Quicheform von ca. 24 cm Ø damit auslegen und rundum gut anpressen. Den Teig mit einer Gabel anstechen und ihn weitere 30 Minuten ruhen lassen.

4 Die Form mit Folie abdecken und mit Ausbackbohnen belegen. Im vorgeheizten Ofen bei 200 °C (Gas: Stufe 3) ca. 15 Minuten blind backen. Folie und Bohnen entfernen, den Teig weitere 15 Minuten backen.

5 Das Trockenobst, die Äpfel sowie den Zitronensaft vermischen und auf den Teig geben.

6 Honig und Butter erhitzen, vermischen und über die Früchtemischung geben.

7 Die Tarte erneut in den Ofen geben und weitere 20 Minuten backen, bis die Füllung fest ist.

VARIATION

Sie können die Trockenfrüchte mit 2 EL Sherry aromatisieren.

4

5

6

Vanilletarte

Diese klassische Vanilletarte mit Ei sollte möglichst rasch serviert werden, da sie frisch am allerbesten schmeckt.

Für 8 Personen

ZUTATEN

FÜR DEN TEIG:
150 g Weizenmehl Type 405
2 EL Feinzucker
125 g Butterflöckchen
1 EL Wasser

FÜR DIE FÜLLUNG:
3 frische Eier
150 g süße Sahne
150 ml Milch
frisch geriebene Muskatnuss

ZUM SERVIEREN:
steif geschlagene süße Sahne

1 Für den Teig das Mehl sowie den Zucker in eine Schüssel geben und die Butter mit den Fingerspitzen bröselig einarbeiten.

2 Das Wasser hinzufügen und alles verkneten, sodass ein weicher Teig entsteht. Den Teig einwickeln und im Kühlschrank ca. 30 Minuten ruhen lassen.

3 Den Teig zu einem runden Fladen ausrollen, der etwas größer ist als eine Quicheform von ca. 24 cm Ø.

4 Mit dem Teig die Form auslegen, ihn rundum anpressen, die überstehenden Ränder abschneiden und mit einer Gabel den Boden anstechen. 30 Minuten im Kühlschrank ruhen lassen.

5 Die Form mit Folie abdecken, Ausbackbohnen darauf legen.

6 Das Ganze im vorgeheizten Ofen bei 200 °C (Gas: Stufe 3) 15 Minuten blind backen. Folie sowie Bohnen entfernen und den Boden weitere 15 Minuten backen.

7 Für die Füllung die Eier, die süße Sahne, die Milch und die geriebene Muskatnuss verrühren. Die Füllung auf den Teig geben und die Tarte im Ofen 25 bis 30 Minuten ausbacken. Zusammen mit der steif geschlagenen süßen Sahne servieren.

TIPP

Durch das Blindbacken des Teigs (Schritt 5 und 6) erhält die Tarte einen festen knusprigen Boden.

Zitronentarte

Niemand wird diesem Kuchen mit seinem mit reichlich Butter zubereiteten Teig und der im Munde zergehenden Zitronenfüllung widerstehen können.

Für 8 Personen

ZUTATEN

FÜR DEN TEIG:
150 g Weizenmehl Type 405
2 EL Feinzucker
125 g Butterflöckchen
1 EL Wasser

FÜR DIE FÜLLUNG:
150 g Crème double
100 g Feinzucker
4 frische Eier
abgeriebene Schale von 3 unbehandelten Zitronen
12 EL frisch ausgepresster Zitronensaft
Puderzucker zum Bestäuben

1 Mehl und Zucker in eine Schüssel geben, die Butter mit den Fingerspitzen bröselig einarbeiten. Das Wasser dazufügen und alles vermischen, sodass ein weicher Teig entsteht. Einwickeln und 30 Minuten kühl stellen.

2 Ihn auf einer leicht bemehlten Arbeitsfläche ausrollen, damit eine Quicheform von ca. 24 cm Ø auslegen, gut andrücken und den Boden mit einer Gabel anstechen. Weitere 30 Minuten kühl stellen.

3 Die Form mit Folie bedecken und Ausbackbohnen darauf legen. Den Teig im vorgeheizten Ofen bei 200 °C (Gas: Stufe 3) ca. 15 Minuten blind backen. Folie sowie Bohnen entfernen und weitere 15 Minuten backen.

4 für die Füllung die Crème, den Zucker, die Eier, die Zitronenschale und den Zitronensaft verrühren. Den vorgebackenen Teig in der Form auf ein Backblech setzen und mit der Füllung bestreichen.

5 Den Kuchen etwa 20 Minuten im Ofen backen, bis die Füllung fest wird. Kalt stellen und dann vor dem Servieren leicht mit Puderzucker bestäuben.

TIPP

Geben Sie erst die Hälfte der Füllung auf den Tarteboden, stellen Sie den Kuchen in den Ofen, und fügen Sie dann den Rest hinzu.

Orangentarte

Bei dieser Variation des klassischen Zitronenkuchens werden für eine krümeligere Struktur frische Semmelbrösel verwendet.

Für 6–8 Personen

ZUTATEN

FÜR DEN TEIG:
150 g Weizenmehl Type 405
2 EL Feinzucker
125 g Butterflöckchen
1 EL Wasser

FÜR DIE FÜLLUNG:
abgeriebene Schale von
2 unbehandelten Orangen
9 EL frisch ausgepresster Orangensaft
50 g frische Semmelbrösel
2 EL frisch ausgepresster Zitronensaft
150 g süße Sahne
50 g Butter
50 g Feinzucker
je 2 frische Eigelb und Eiweiß
2 Prisen Salz

1 Das Mehl sowie den Zucker in eine Schüssel geben und die Butter mit den Fingerspitzen bröselig einarbeiten. Das Wasser dazufügen und alles vermischen, sodass ein weicher Teig entsteht. Einwickeln und 30 Minuten kühl stellen.

2 Den Teig ausrollen und mit ihm eine Quicheform von ca. 24 cm Ø auslegen. Gut andrücken, den Boden mit einer Gabel anstechen und ihn weitere 30 Minuten kühl stellen.

3 Mit Folie bedecken und Ausbackbohnen darauf legen. Im vorgeheizten Ofen bei 200 °C (Gas: Stufe 3) ca. 15 Minuten blind backen. Folie sowie Bohnen entfernen, weitere 15 Minuten backen.

4 Für die Füllung Orangenschale sowie -saft und die Semmelbrösel in einer Schüssel vermengen. Den Zitronensaft und die Sahne dazurühren. Die Butter und den Zucker in einem Topf bei geringer Hitze zerlassen. Vom Herd nehmen und mit den Eigelben sowie 1 Prise Salz zur Semmelbröselmischung geben; gut verrühren.

5 Die Eiweiße mit 1 Prise Salz steif schlagen und unterheben.

6 Die Füllmasse auf den Tarteboden geben. Das Ganze im vorgeheizten Ofen bei 170 °C (Gas: Stufe 2) ca. 45 Minuten backen, bis die Füllung fest wird. Etwas abkühlen lassen; warm servieren samt Schlagsahne mit Orangenstreifen.

Kokosnuss-Cremetarte

Dekorieren Sie diese Torte mit frischem tropischem Obst, beispielsweise Mango oder Ananas, und mit Kokosraspeln.

Für 6–8 Personen

ZUTATEN

FÜR DEN TEIG:
150 g Weizenmehl Type 405
2 EL Feinzucker
125 g Butterflöckchen
1 EL Wasser

FÜR DIE FÜLLUNG:
400 ml Milch
125 g Kokosnussaufstrich
3 frische Eigelb
125 g Feinzucker
50 g durchgesiebtes Weizenmehl Type 405

2 EL Kokosraspel
2 EL kandierte Ananasstücke
2 EL Rum oder Ananassaft
300 g leicht geschlagene süße Sahne

1 Mehl und Zucker in eine Schüssel geben, die Butter mit den Fingerspitzen bröselig einarbeiten. Das Wasser dazufügen und alles gut vermischen, sodass ein weicher Teig entsteht. Ihn einwickeln, 30 Minuten kühl stellen.

2 Den Teig auf einer leicht bemehlten Arbeitsfläche ausrollen, mit ihm eine Quicheform von ca. 24 cm Ø auslegen. Gut andrücken, den Boden mit einer Gabel anstechen, 30 Minuten kühl stellen. Den Teig mit Folie bedecken, Ausbackbohnen darauf legen und im vorgeheizten Ofen bei 200 °C (Gas: Stufe 3) ca. 15 Minuten blind backen. Folie und Bohnen entfernen, weitere 15 Minuten backen.

3 Für die Füllung die Milch und den Kokosnussaufstrich in einem Topf bis kurz vorm Kochen erhitzen; dabei umrühren, damit der Aufstrich schmilzt.

4 In einer Schüssel die Eigelbe und den Zucker cremig schlagen. Das Mehl einarbeiten und die Milch hinzufügen, umrühren. Alles zurück in den Topf geben; unter Rühren etwa 8 Minuten erhitzen. Abkühlen lassen.

5 Kokosraspel, Ananas, Rum (oder Saft) unterrühren; die Masse auf den Boden streichen. Alles mit der Schlagsahne bedecken und bis zum Servieren kühl stellen.

1

3

4

Pinienkerntarte

Diese Tarte ist mit einer süßen Mischung aus Quarkcreme gefüllt und mit Pinienkernen bedeckt, was ihr ein dekoratives Aussehen verleiht.

Für 8 Personen

ZUTATEN

FÜR DEN TEIG:
150 g Weizenmehl Type 405
2 EL Feinzucker
125 g Butterflöckchen
1 EL Wasser

FÜR DIE FÜLLUNG:
350 g Speisequark (40 % Fett i. Tr.)
4 EL Crème fraîche
3 frische Eier
125 g Feinzucker
abgeriebene Schale von 1 unbehandelten Orange
100 g Pinienkerne

1 Mehl und Zucker in eine Schüssel geben, Butter mit den Fingerspitzen bröselig einarbeiten. Das Wasser dazufügen und alles gut vermischen, bis ein weicher Teig entsteht. Diesen einwickeln und 30 Minuten kühl stellen.

2 Den Teig auf einer leicht bemehlten Arbeitsfläche ausrollen und mit ihm eine Quicheform von ca. 24 cm Ø auslegen. Gut andrücken, den Boden mit einer Gabel anstechen und weitere 30 Minuten kühl stellen.

3 Den Teig mit Folie bedecken, Ausbackbohnen darauf legen und im vorgeheizten Ofen bei 200 °C (Gas: Stufe 3) ca. 15 Minuten blind backen. Dann Folie sowie Bohnen entfernen und weitere 15 Minuten backen.

4 Für die Füllung den Quark, die Crème, die Eier, den Zucker, die Orangenschale und die Hälfte der Pinienkerne in einer Schüssel verrühren. Alles auf den Tarteboden geben und die restlichen Pinienkerne darüber streuen.

5 Die Tarte im Ofen bei 170 °C (Gas: Stufe 2) ca. 35 Minuten backen, bis sie fest wird. Vor dem Servieren abkühlen lassen.

VARIATION

Sie können die Pinienkerne auch durch Mandelplättchen ersetzen.

Nusstarte mit Zitrusschalen

Diese reichhaltige süße Tarte ist nichts für Kalorienzähler.

Für 8 Personen

ZUTATEN

FÜR DEN TEIG:
150 g Weizenmehl Type 405
2 EL Feinzucker
125 g Butterflöckchen
1 EL Wasser

FÜR DIE FÜLLUNG:
75 g Butter
50 g Feinzucker
75 g kristallisierter Honig
200 g Crème double
1 verquirltes frisches Ei
200 g gemischte Nüsse
200 g gemischtes Orangeat und Zitronat

1 Mehl und Zucker in eine Schüssel geben, die Butter mit den Fingerspitzen bröselig einarbeiten. Das Wasser dazufügen und alles gut vermischen, bis ein weicher Teig entsteht. Ihn einwickeln und 30 Minuten kühl stellen.

2 Den Teig auf einer leicht bemehlten Arbeitsfläche ausrollen und mit ihm eine Quicheform von ca. 24 cm Ø auslegen. Gut andrücken, den Boden mit einer Gabel anstechen und weitere 30 Minuten kühl stellen.

3 Mit Folie bedecken, Ausbackbohnen darauf legen und im vorgeheizten Ofen bei 200 °C (Gas: Stufe 3) ca. 15 Minuten blind backen. Folie sowie Bohnen entfernen, weitere 15 Minuten backen.

4 Für die Füllung Butter, Zucker und Honig in einem kleinen Topf schmelzen. Die Crème, das Ei, die Nüsse und das Orangeat sowie Zitronat hinzufügen. Alles bei geringer Hitze unter Rühren 2 Minuten köcheln lassen, bis die Mischung blassgold aussieht.

5 Alles auf den Boden geben und ca. 20 Minuten backen, bis die Füllung fest wird. Abkühlen lassen, zum Servieren in Stücke schneiden.

VARIATION

Statt der Nussmischung Wal- oder Pekannüsse nehmen.

Mandelcremetarte mit Obst

Diese Tarte mit Preiselbeeren und Aprikosen eignet sich ganz besonders für die Weihnachtszeit und kann mit warmer Aprikosenmarmelade bestrichen werden.

Für 8–10 Personen

ZUTATEN

FÜR DEN TEIG:
150 g Weizenmehl Type 405
125 g Feinzucker
125 g in kleine Stücke geschnittene Butter
1 EL Wasser

FÜR DIE FÜLLUNG:
200 g ungesalzene Butter
200 g Feinzucker
1 frisches Ei
2 frische Eigelb
50 g durchgesiebtes Weizenmehl Type 405
175 g geriebene Mandeln
4 EL Crème double
400 g abgetropfte Aprikosenhälften (aus der Dose)
125 g frische Preiselbeeren

1 Für den Teig das Mehl sowie den Zucker in eine Schüssel geben und die Butter mit den Fingerspitzen bröselig einarbeiten. Das Wasser dazufügen und alles gut vermischen, bis ein weicher Teig entsteht. Diesen einwickeln und 30 Minuten kühl stellen.

2 Den Teig auf einer leicht bemehlten Arbeitsfläche ausrollen und mit ihm eine Quicheform von ca. 24 cm Ø auslegen. Gut andrücken, den Boden mit einer Gabel anstechen und weitere 30 Minuten kühl stellen.

3 Mit Folie bedecken, Ausbackbohnen darauf legen und im vorgeheizten Ofen bei 200 °C (Gas: Stufe 3) 15 Minuten blind backen. Folie sowie Bohnen entfernen und weitere 10 Minuten backen.

4 Für die Füllung die Butter und den Zucker cremig rühren. Erst das Ei und die Eigelbe, dann das Mehl, die Mandeln und die Crème unterrühren.

5 Die Aprikosen sowie die Preiselbeeren auf den Boden geben und mit einem Löffel die Füllung darauf verstreichen.

6 Das Ganze etwa 1 Stunde backen, bis die Füllung fest wird. Die Tarte etwas abkühlen lassen; warm oder kalt servieren.

Mandeltarte mit weißer Schokolade

Es handelt sich um eine Variation der klassischen Pekannusstarte, bei der Nüsse und Schokolade mit viel Honig überzogen werden.

Für 8 Personen

ZUTATEN

FÜR DEN TEIG:
- 150 g Weizenmehl Type 405
- 2 EL Feinzucker
- 125 g Butterflöckchen
- 1 EL Wasser

FÜR DIE FÜLLUNG:
- 150 g heller flüssiger Honig
- 50 g Butter
- 75 g feiner brauner Zucker
- 3 leicht verquirlte frische Eier
- 100 g überbrühte und abgezogene grob gehackte Mandeln
- 100 g grob zerbröckelte weiße Schokolade

1 Für den Teig das Mehl sowie den Zucker in eine Schüssel geben und die Butter mit den Fingerspitzen bröselig einarbeiten. Das Wasser dazufügen und alles gut vermischen, bis ein weicher Teig entsteht. Diesen einwickeln und 30 Minuten kühl stellen.

2 Den Teig auf einer leicht bemehlten Arbeitsfläche ausrollen und mit ihm eine Quicheform von ca. 24 cm Ø auslegen. Gut andrücken, den Boden mit einer Gabel anstechen und weitere 30 Minuten kühl stellen. Den Teig mit Folie bedecken, Ausbackbohnen darauf legen und im vorgeheizten Ofen bei 200 °C (Gas: Stufe 3) ca. 15 Minuten blind backen. Die Folie sowie die Bohnen entfernen und weitere 15 Minuten backen.

3 Für die Füllung Honig, Butter und Zucker in einem Topf zum Schmelzen bringen. Vom Herd nehmen und etwas abkühlen lassen. Die Eier, die Mandeln und die Schokolade unterrühren.

4 Füllung auf den Boden geben und im Ofen 30 bis 35 Minuten backen, bis sie fest wird. In der Form auskühlen lassen.

VARIATION

Eine Mischung aus Zartbitter- und weißer Schokolade verwenden.

Trauben-Trockenobst-Strudel

Dieser Kuchen mit seiner aromatischen Füllung stellt ein ausgezeichnetes Dessert für die Weihnachtszeit dar.

Für 4 Personen

ZUTATEN

Butter für das Blech
500 g fertiger Blätterteig
400 g gehacktes Trockenobst
100 g halbierte und entkernte Weintrauben
1 verquirltes frisches Ei für die Glasur
brauner Kristallzucker zum Bestreuen

1 Ein Backblech leicht mit Butter ausfetten.

2 Den Blätterteig auf einer leicht bemehlten Arbeitsfläche ausrollen und in 2 gleich große Rechtecke teilen.

3 Eines der beiden Rechtecke auf das Backblech legen und die Ränder mit Wasser bepinseln.

4 Das Trockenobst und die Weintrauben vermengen. Die Mischung auf den Blätterteig auf dem Blech geben; dabei ringsum einen Rand von etwa 3 cm Breite freilassen.

5 Das zweite Rechteck der Länge nach zusammenfalten und in den gefalteten Rand behutsam eine Reihe von parallelen Schnitten setzen, die jeweils etwa 3 cm vor der anderen Längskante enden.

6 Den Teig auseinanderfalten und auf die Füllung legen. Die Ränder beider Teigstücke zusammendrücken, sodass der Kuchen rundum fest verschlossen ist.

7 Die Ränder etwas nach innen falten und leicht eindrücken, sodass ein Wellenmuster entsteht. Den Strudel mit dem Ei bepinseln; den Kristallzucker darauf streuen.

8 Den Strudel im vorgeheizten Ofen bei 220 °C (Gas: Stufe 4) ca. 15 Minuten backen. Die Hitze auf 180 °C (Gas: Stufe 2) reduzieren und weitere 30 Minuten backen, bis der Strudel aufgegangen und goldbraun ist. Auf einem Kuchengitter abkühlen lassen.

TIPP

Sie können zusätzlich 2 Esslöffel Sherry zu der Füllung geben.

4

5

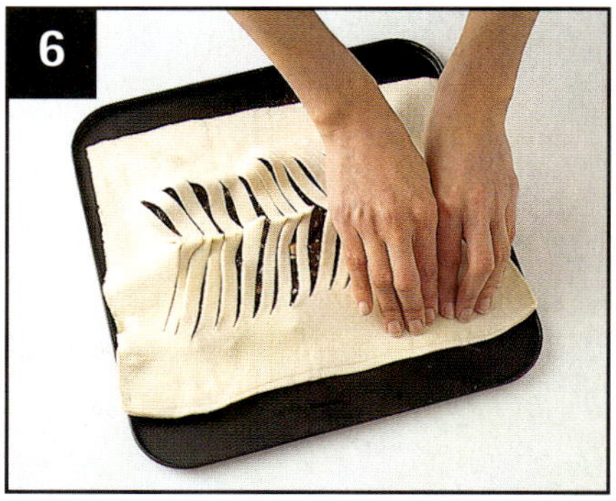
6

Birnentörtchen

Am einfachsten bereitet man diese feinen Torteletts mit fertigem Blätterteig zu, wie man ihn in jedem Supermarkt erhält.

Für 6 Personen

ZUTATEN

250 g fertiger Blätterteig
2 EL feiner brauner Zucker
2 EL Butter (dazu noch etwas zerlassene Butter zum Bepinseln)
1 EL fein gehackte kandierte Ingwerwurzel
3 geschälte, halbierte und vom Kerngehäuse befreite Birnen
flüssige Schlagsahne zum Servieren

1 Den Teig auf einer bemehlten Arbeitsfläche ausrollen. Sechs Kreise von 10 cm Ø ausschneiden.

2 Die Teigstücke auf ein großes Backblech legen und 30 Minuten ruhen lassen.

3 Den Zucker und die Butter in einer Schüssel cremig rühren. Die gehackte Ingwerwurzel dazugeben und unterrühren.

4 Die Teigscheiben mit einer Gabel anstechen und auf jede etwas von der Ingwermischung streichen.

5 Die Birnenhälften der Länge nach aufschlitzen; an der Spitze unversehrt lassen. Sie dann fächerartig auseinanderziehen.

6 Auf jedes Stück Blätterteig je eine aufgefächerte Birnenhälfte legen. Am Rand der Teigscheiben kleine Einschnitte anbringen und anschließend jede Birne mit etwas zerlassener Butter bestreichen.

7 Die Törtchen im vorgeheizten Ofen bei 200 °C (Gas: Stufe 3) 15 bis 20 Minuten backen, bis der Teig aufgegangen ist. Warm mit etwas flüssiger Sahne servieren.

TIPP

Vanilleeis passt zu diesen Törtchen besonders gut, wenn Sie sie zum Nachtisch reichen.

2

5

6

Crème brûlée-Torteletts

Zu diesen Törtchen reichen Sie am besten frisches Obst.

Für 6 Stück

ZUTATEN

FÜR DEN TEIG:
150 g Weizenmehl Type 405
2 EL Feinzucker
125 g Butterflöckchen
1 EL Wasser

FÜR DIE FÜLLUNG:
4 frische Eigelb
50 g Feinzucker
400 g Crème double
1 TL Vanillearoma

brauner Kristallzucker zum Bestreuen

1 Mehl und Zucker in eine Schüssel geben, die Butter mit den Fingerspitzen bröselig einarbeiten. Das Wasser dazufügen und alles gut vermischen, bis ein weicher Teig entsteht. Ihn einwickeln und 30 Minuten kühl stellen.

2 Den Teig auf einer leicht bemehlten Arbeitsfläche ausrollen und mit ihm 6 Tortelettförmchen von ca. 10 cm Ø auslegen. Gut andrücken, den Boden mit einer Gabel anstechen und 20 Minuten kühl stellen.

3 Mit Folie bedecken und Ausbackbohnen darauf legen. Im vorgeheizten Ofen bei 200 °C (Gas: Stufe 3) ca. 15 Minuten blind backen. Folie sowie Bohnen entfernen und weitere 10 Minuten backen. Abkühlen lassen.

4 Inzwischen Eigelbe und Zucker zu einer hellen Masse verquirlen. Die Crème und das Vanillearoma erhitzen, bis die Mischung fast kocht, und sie dann über die Eiermasse geben. Dabei ständig mit dem Schneebesen aufschlagen.

5 Die Mischung in einem anderen Topf unter Rühren erhitzen, bis sie eindickt. Nicht aufkochen lassen, da sie sonst gerinnt.

6 Etwas abkühlen lassen und auf die Kuchen in den Förmchen geben. Dann kühl stellen und über Nacht setzen lassen.

7 Die Torteletts mit Zucker bestreuen. Einige Minuten im vorgeheizten Grill überbacken und abkühlen lassen. Vor dem Servieren 2 Stunden kalt stellen.

Mandelcremeplätzchen mit Limetten

Diese mit Mandelcreme gefüllten Torteletts bestehen aus einem besonderen Teig, der sich durch sein feines Limettenaroma auszeichnet.

Für 12 Stück

ZUTATEN

125 g Weizenmehl Type 405
100 g weiche Butter
1 TL abgeriebene unbehandelte Limettenschale
1 EL frisch ausgepresster Limettensaft
50 g Feinzucker
1 frisches Ei
2 EL geriebene Mandeln
50 g durchgesiebter Puderzucker
1/2 EL Wasser

1 Von dem Mehl 5 und von der Butter 3 Teelöffel für Schritt 4 bzw. 5 beiseite stellen.

2 Die übrige Butter und das restliche Mehl zu einer feinbröseligen Masse verkneten. Die Limettenschale sowie den -saft unterrühren und aus der Mischung einen weichen Teig formen.

3 Ihn auf einer leicht bemehlten Arbeitsfläche dünn ausrollen. 12 Scheiben von etwa 8 cm Ø ausschneiden und damit ein Muffinblech für 12 Stück auslegen.

4 Die übrige Butter zusammen mit dem Zucker in einer Schüssel cremig schlagen.

5 Das Ei, dann die Mandeln und das beiseite gestellte Mehl untermischen.

6 Die Mischung auf die Förmchen verteilen.

7 Im vorgeheizten Ofen bei 200 °C (Gas: Stufe 3) etwa 15 Minuten leicht goldbraun backen. Die Plätzchen aus dem Blech nehmen, abkühlen lassen.

8 Den Puderzucker mit dem Wasser vermischen. Über jedes der Plätzchen etwas Zuckerwasser träufeln und sie dann servieren.

TIPP

Die Plätzchen kann man in einem luftdichten Behälter aufbewahren. Den Zuckerguss erst zum Servieren darüber geben.

3

5

6

Brot & Gebäck

Brot in allen Varianten selber backen war noch nie einfacher als heute mit den überall erhältlichen Trockenbackhefen. In diesem Kapitel werden jeweils die allgemein verbreiteten 7-g-Päckchen verwendet. Wenn Sie lieber frische Hefe verwenden wollen, nehmen Sie anstelle von einem 7-g-Päckchen Trockenbackhefe 25 g frische Hefe. Die frische Hefe vermischen Sie mit warmem Wasser und fügen einen Teelöffel Zucker hinzu. Das Ganze geben Sie zu dem Mehl und fahren wie im Rezept beschrieben fort.

Verwenden Sie bei den Brotrezepten immer weißes oder dunkles Weizenmehl, da dieses einen hohen Anteil an Gluten enthält, einem Protein, das dem Teig Elastizität verleiht. Kneten Sie den Teig stets gut durch – in einer Küchenmaschine mit einem Knethaken oder mit den Händen.

Darüber hinaus enthält dieses Kapitel noch eine Auswahl an verschiedenem Gebäck, das man zum Nachtisch reichen kann.

Teebrötchen

Dieses beliebte Gebäck für nachmittags schmeckt getoastet und mit Butter bestrichen bereits vorzüglich. Noch besser mundet es, wenn es mit Trockenobst gefertigt wird wie hier.

Für 12 Stück

ZUTATEN

Butter für die Bleche
450 g Weizenmehl Type 550
1 Pck. Trockenbackhefe
50 g Feinzucker
1 TL Salz
2 EL Butterflöckchen
300 ml lauwarme Milch
75 g gemischtes Trockenobst
Honig zum Bepinseln

1 Zwei Backbleche gründlich mit Butter ausfetten.

2 Das Mehl in eine große Schüssel sieben. Die Hefe, den Zucker sowie das Salz dazugeben und alles vermischen. Die Butter mit den Fingerspitzen bröselig einarbeiten. Die Milch dazugeben und alles zu einem weichen Teig verrühren.

3 Den Teig auf eine leicht bemehlte Arbeitsfläche geben und 5 Minuten durchkneten (oder in einer Küchenmaschine mit einem Knethaken).

4 Den Teig in einer gefetteten Schüssel zugedeckt an einem warmen Ort 60 bis 90 Minuten gehen lassen, bis er doppelt so groß ist.

5 Ihn einige Minuten durchkneten und dann das Trockenobst einkneten. Den Teig in 12 Bällchen aufteilen und auf die Bleche setzen. Zugedeckt 1 weitere Stunde gehen lassen.

6 Scones im vorgeheizten Ofen bei 200 °C (Gas: Stufe 3) etwa 20 Minuten backen. Die Kuchen noch warm mit Honig bestreichen.

7 Die Scones auf einem Kuchengitter abkühlen lassen, mit Butter bestreichen und sofort servieren.

TIPP

Wichtig ist, dass die Milch die richtige Temperatur hat. Erhitzen Sie sie, bis Sie den kleinen Finger 10 Sekunden darin lassen können, ohne dass es Ihnen zu heiß wird.

Zimtschnecken

Versetzen Sie sich in Ihre Kindertage zurück, und genießen Sie das aromatische Gebäck noch warm, wenn es frisch aus dem Ofen kommt.

Für 12 Stück

ZUTATEN

Butter für das Blech
200 durchgesiebtes Weizenmehl Type 550
1/2 TL Salz
1 Pck. Trockenbackhefe
2 EL Butterflöckchen
1 verquirltes frisches Ei
125 ml warme Milch
2 EL Ahornsirup

FÜR DIE FÜLLUNG:
50 g weiche Butter
2 TL Zimtpulver
50 g feiner brauner Zucker
50 g Korinthen

1 Ein Backblech von ca. 23 cm Seitenlänge ausfetten.

2 Das Mehl und das Salz in eine Schüssel geben. Die Hefe untermischen. Die Butter mit den Fingerspitzen bröselig einarbeiten. Das Ei sowie die Milch dazugeben und alles zu einem Teig verrühren.

3 Den Teig in einer gefetteten Schüssel an einem warmen Ort zugedeckt in etwa 40 Minuten auf die doppelte Größe gehen lassen.

4 Ihn ca. 1 Minute leicht kneten und zu einem Rechteck von ca. 25 x 30 cm ausrollen.

5 Für die Füllung die Butter, den Zimt und den Zucker zu einer cremigen Masse schlagen. Sie auf den Teig streichen; dabei einen ca. 3 cm breiten Rand freilassen. Die Korinthen darüber streuen.

6 Den Teig von der Längsseite her aufrollen und zusammendrücken. Die Rolle in 12 Scheiben schneiden, diese auf das Blech setzen, zudecken und 30 Minuten ruhen lassen.

7 Die Schnecken im vorgeheizten Ofen bei 200 °C (Gas: Stufe 3) 20 bis 30 Minuten backen. Mit dem Sirup bestreichen und etwas abkühlen lassen.

VARIATION

Knuspriger wird das Ganze durch gehackte Wal- oder Pekannüsse statt der Korinthen.

5

6

6

Zimtkuchen mit Korinthen

Dieses würzige Früchtebrot ist schnell und leicht hergestellt. Sie können es zusätzlich mit Butter und etwas Honig bestreichen.

Für einen großen Kuchen

ZUTATEN

Butter für die Form
350 g durchgesiebtes Weizenmehl Type 405
1 Prise Salz
1 EL Backpulver
1 EL Zimtpulver
150 g in kleine Stücke geschnittene Butter
125 g feiner brauner Zucker
175 g ungeschwefelte Korinthen
fein abgeriebene Schale von 1 unbehandelten Orange
etwa 6 EL Orangensaft
6 EL Milch
2 leicht verquirlte frische Eier

1 Eine 1-kg-Kastenform ausfetten und den Boden mit Backpapier auslegen.

2 Das Mehl, das Salz, das Backpulver und den Zimt in eine Schüssel geben. Die Butterstücke mit den Fingerspitzen bröselig einarbeiten.

3 Den Zucker, die Korinthen und die Orangenschale untermengen. Den Orangensaft, die Milch und die Eier separat verquirlen und dazugeben. Alles gut vermischen.

4 Den Teig in die Kastenform geben. In die Mitte eine kleine Mulde formen, damit der Boden gleichmäßig aufgehen kann.

5 Den Kuchen im vorgeheizten Ofen bei 180 °C (Gas: Stufe 2) 60 bis 90 Minuten backen (Stäbchenprobe machen!).

6 Den Kuchen etwas abkühlen lassen und dann auf ein Kuchengitter stürzen. Auskühlen lassen und in Scheiben schneiden.

TIPP

Arbeiten Sie nach dem Hinzufügen der flüssigen Zutaten möglichst schnell, da das Backpulver schnell zu treiben anfängt.

Früchtekuchen mit Preiselbeeren

Gehackte Nüsse, frischer Orangensaft und getrocknete Preiselbeeren machen den besonderen Geschmack dieses Früchtebrots aus.

Für 8–10 Personen

ZUTATEN

175 g Weizenmehl Type 405
1/2 TL Backpulver
1/2 Pck. Trockenbackhefe
150 g feiner brauner Zucker
2 zerdrückte Bananen
50 g klein gehacktes Orangeat und Zitronat
2 EL gehackte gemischte Nüsse
50 g getrocknete Preiselbeeren
etwa 6 EL Orangensaft
2 verquirlte frische Eier
150 ml Sonnenblumenöl
75 g durchgesiebter Puderzucker
abgeriebene Schale von 1 unbehandelten Orange

1 Eine 1-kg-Kastenform ausfetten und den Boden mit Backpapier auslegen.

2 Mehl und Backpulver in eine Schüssel sieben. Die Hefe sowie den Zucker, die Bananen, Orangeat und Zitronat, Nüsse und Preiselbeeren unterrühren.

3 Den Orangensaft, die Eier und das Öl separat gut miteinander verrühren. Das Ganze zu den bisherigen Zutaten geben und alles gut vermischen. Die Masse in die Kastenform geben.

4 Den Teig im vorgeheizten Ofen bei 180 °C (Gas: Stufe 2) etwa 1 Stunde backen (Stäbchenprobe machen!).

5 Den Kuchen aus der Form auf ein Kuchengitter stürzen und abkühlen lassen.

6 Den Puderzucker mit etwas Wasser vermischen und den Stollen damit glasieren. Die Orangenschale darüber streuen. Die Glasur fest werden lassen, den Kuchen aufschneiden und auf einer Platte servieren.

TIPP

Der Kuchen hält sich gut eingewickelt an einem kühlen trockenen Ort einige Tage.

Bananen-Dattel-Kuchen

Dieses saftige Früchtebrot passt ausgezeichnet zum Nachmittagskaffee. Wer es einmal probiert hat, kann nicht mehr genug davon bekommen.

Für 6–8 Personen

ZUTATEN

- Butter für die Form
- 250 g Weizenmehl Type 405
- 1/2 Pck. Trockenbackhefe
- 100 g in kleine Stücke geschnittene Butter
- 75 g Feinzucker
- 125 g entkernte gehackte Datteln
- 2 leicht zerdrückte Bananen
- 2 leicht verquirlte frische Eier
- 2 EL Honig
- ganze Datteln als Beilage

1 Eine 1-kg-Kastenform ausfetten und den Boden mit Backpapier auslegen.

2 Das Mehl in eine Schüssel sieben. Dann die Hefe untermischen.

3 Die Butter mit den Fingerspitzen bröselig einarbeiten.

4 Den Zucker, die Datteln, die Bananen, die Eier sowie den Honig dazugeben und gut verrühren. Alles mit dem Kochlöffel zu einem weichen, leicht flüssigen Teig vermischen.

5 Den Teig mit einem Löffel in die Kastenform geben und die Oberfläche mit einem Messerrücken glatt streichen.

6 Den Teig im vorgeheizten Ofen bei 160 °C (Gas: Stufe 1) in etwa 1 Stunde goldbraun backen (Stäbchenprobe machen!).

7 Den Bananen-Dattel-Kuchen in der Form etwas abkühlen lassen und dann auf ein Kuchengitter stürzen. Das Früchtebrot warm oder kalt in dicke Scheiben aufgeschnitten servieren. Dazu ganze Datteln reichen.

TIPP

Der Kuchen lässt sich, in einem luftdichten Behälter verschlossen, an einem kühlen, trockenen Ort einige Tage aufbewahren.

4

4

5

Rouladenschnecken

Das Gebäck wirkt nicht nur äußerlich attraktiv, sondern hat es auch in sich: Alkohol, Nüsse und Früchte bilden seine Füllung.

Für 1 Ring

ZUTATEN

250 g Weizenmehl Type 550
1/2 TL Salz
1 Pck. Trockenbackhefe
1 EL in kleine Stücke geschnittene Butter
125 ml lauwarme Milch
1 verquirltes frisches Ei

FÜR DIE FÜLLUNG:
50 g weiche Butter
50 g feiner brauner Zucker
2 EL gehackte Haselnüsse
2 EL gehackte kandierte Ingwerwurzel
50 g gewürfeltes Orangeat und Zitronat
1 EL Rum oder Weinbrand
100 g Puderzucker
2 EL Zitronensaft

1 Ein Backblech ausfetten. Mehl und Salz in eine Schüssel sieben. Die Hefe dazugeben. Die Butter mit den Fingerspitzen bröselig einarbeiten. Milch und Eier dazugeben; alles verkneten.

2 Den Teig in eine gefettete Schüssel geben, zudecken und ca. 40 Minuten an einem warmen Ort auf die doppelte Größe gehen lassen. Dann 1 Minute lang leicht kneten und zu einem Viereck von ca. 25 x 30 cm ausrollen.

3 Für die Füllung die Butter und den Zucker cremig rühren. Die Haselnüsse, die Ingwerwurzel, Zitronat und Orangeat sowie den Rum bzw. Weinbrand unterrühren. Die Masse auf dem Teig verstreichen; dabei einen Rand von etwa 3 cm freilassen.

4 Den Teig von der Längsseite her aufrollen. Etwa 5 cm breite Scheiben abschneiden und diese auf dem Backblech ringförmig sowie überlappend anordnen. Zudecken und an einem warmen Ort 30 Minuten gehen lassen.

5 Die Schnecken im vorgeheizten Ofen bei 200 °C (Gas: Stufe 3) 20 bis 30 Minuten backen. Inzwischen für die Glasur den Puderzucker mit dem Zitronensaft vermischen.

6 Die Schnecken abkühlen lassen, bevor man sie mit der Glasur bepinselt. Die Glasur fest werden lassen und servieren.

Dattel-Honig-Laib

Dieses Gebäck steckt voll leckerer Zutaten: Datteln, Sesamsamen und Honig. Man kann es auch getoastet und mit Frischkäse bestrichen genießen.

Für 1 Laib

ZUTATEN

Butter für die Form
250 g Weizenmehl Type 550
75 g Roggenmehl Type 1150
1/2 TL Salz
1 Pck. Trockenbackhefe
200 ml lauwarmes Wasser
3 EL Sonnenblumenöl
3 EL Honig
75 g gehackte Datteln
2 EL Sesamsamen

1 Eine 1-kg-Kastenform ausfetten. Die Mehle in eine Schüssel durchsieben, das Salz und die Hefe darin verrühren.

2 Das lauwarme Wasser, das Öl und den Honig untermischen. Alles zu einem Teig vermengen.

3 Den Teig auf eine leicht bemehlte Arbeitsfläche geben und etwa 4 Minuten kneten.

4 In einer gefetteten Schüssel zugedeckt an einem warmen Ort in etwa 1 Stunde auf die doppelte Größe aufgehen lassen.

5 Die Datteln und den Sesam unterkneten. Zu einem Laib formen und in die Form geben.

6 Zudecken und dann weitere 30 Minuten an einem warmen Ort ruhen lassen.

7 Den Teig im vorgeheizten Ofen bei 220 °C (Gas: Stufe 4) ca. 30 Minuten backen, bis sich der Laib hohl anhört, wenn man daran klopft.

8 Den Laib auf ein Kuchengitter setzen und abkühlen lassen. In dicken Scheiben servieren.

VARIATION

Ersetzen Sie den Sesam durch Sonnenblumenkerne, wenn Sie die Zusammensetzung des Laibs etwas variieren wollen.

TIPP

Sie können die Schüssel mit dem Teig auch in ein warmes Wasserbad stellen und zudecken.

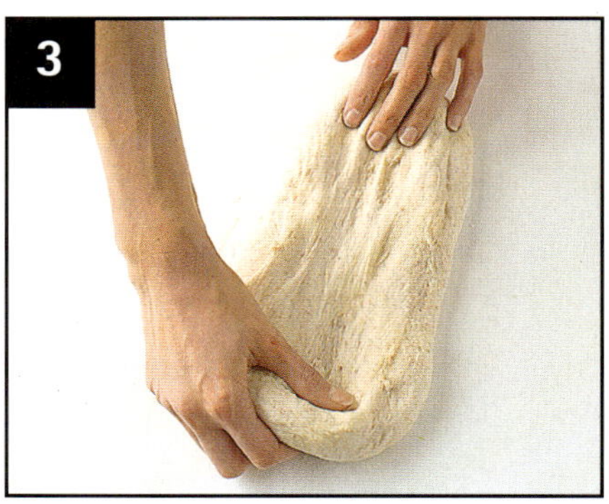

Kürbislaib

Das für diesen Kuchen verwendete Kürbispüree macht ihn angenehm saftig. Am besten passt er natürlich in die Kürbissaison, wenn es sie frisch gibt.

Für 1 Laib

ZUTATEN

Pflanzenöl für die Form
500 g Kürbisfleisch
125 g weiche Butter
175 g Feinzucker
2 verquirlte frische Eier
250 g durchgesiebtes Weizenmehl Type 405
1 1/2 TL Backpulver
1/2 TL Salz
1 TL Pimentpulver
2 EL Kürbiskerne

1 Eine 1-kg-Kastenform mit Pflanzenöl ausfetten.

2 Den Kürbis in große Stücke zerteilen und diese in mit Butter gefettete Alufolie wickeln. Sie im vorgeheizten Ofen bei 200 °C (Gas: Stufe 3) 30 bis 40 Minuten garen, bis sie weich sind.

3 Kürbisfleisch auskühlen lassen und zu Püree stampfen.

4 Die Butter und den Zucker zu einer hellen cremigen Masse verquirlen. Dabei nach und nach die beiden Eier untermischen.

5 Das Kürbispüree unterrühren. Das Mehl, das Backpulver, das Salz und den Piment einarbeiten.

6 Die Kürbiskerne in die Mischung geben und gleichmäßig darin verteilen. Den Teig in die Kastenform füllen.

7 Den Teig im vorgeheizten Ofen bei 160 °C (Gas: Stufe 1) 75 bis 90 Minuten backen (Stäbchenprobe machen!). Den Laib abgekühlt servieren. Die Scheiben evtl. mit Butter bestreichen.

TIPP

Damit das Kürbispüree nicht zu flüssig wird, lässt man es in einem Topf bei mittlerer Hitze einige Minuten eindicken.

2

4

5

Tropisches Früchtebrot

Das Aroma von Ingwer, Ananas und Kokosnuss bringt sogleich etwas Sonne und Exotik auf Ihren Frühstückstisch. Die Mango kann durch anderes Trockenobst ersetzt werden.

Für 1 Laib

ZUTATEN

Butter für die Form
350 g Weizenmehl Type 550
50 g Speisekleie
1/2 TL Salz
1/2 TL frisch geriebener Ingwer
1 Pck. Trockenbackhefe
2 EL feiner brauner Zucker
2 EL Butterflöckchen
250 ml lauwarmes Wasser
75 g fein gehackte kandierte Ananas
2 EL fein gehackte getrocknete Mango
50 g geröstete Kokosraspel
1 verquirltes frisches Ei
2 EL Kokosraspel

1 Ein Backblech ausfetten. Das Mehl in eine Schüssel sieben. Die Kleie, das Salz, den Ingwer, die Hefe und den Zucker dazugeben. Die Butter darunter bröseln, das Wasser hinzufügen. Alles zu einem Teig vermischen.

2 Auf einer leicht bemehlten Arbeitsfläche den Teig etwa 5 bis 8 Minuten durchkneten, bis er weich ist. In eine gefettete Schüssel geben, zudecken und an einem warmen Ort aufgehen lassen, bis der Teig die doppelte Größe angenommen hat.

3 Die Ananas, die Mango und die gerösteten Kokosflocken in den Teig kneten. Diesen zu einem runden Laib formen und auf das Backblech legen. Die Oberfläche mit einem Messerrücken einkerben. Zugedeckt 30 Minuten an einem warmen Ort gehen lassen.

4 Den Laib mit dem Ei bepinseln und mit den 2 Esslöffeln Kokosflocken bestreuen. Im vorgeheizten Ofen bei 220 °C (Gas: Stufe 4) ca. 30 Minuten backen.

5 Das Brot auf einem Kuchengitter auskühlen lassen.

TIPP

Der Teig ist nach dem zweiten Aufgehen backfertig, wenn seine Oberfläche schön elastisch ist (mit den Fingerspitzen testen!).

Großer Zitruskrapfen

Dieses süße Brot zeichnet sich durch das fruchtige Aroma von Zitrusfrüchten aus. Am besten reicht man es zum Frühstück.

Für 1 Laib

ZUTATEN

Butter für das Blech
500 g Weizenmehl Type 550
1/2 TL Salz
50 g Feinzucker
1 Pck. Trockenbackhefe
50 g in kleine Stücke geschnittene Butter
ca. 6 EL Orangensaft
4 EL Zitronensaft
ca. 4 EL Limettensaft
150 ml lauwarmes Wasser
1 unbehandelte Orange
1 unbehandelte Zitrone
1 unbehandelte Limette
2 EL dünnflüssiger Honig

1 Ein rechteckiges Backblech leicht ausfetten.

2 Das Mehl und das Salz in eine Schüssel sieben. Den Zucker und die Hefe unterrühren.

3 Die Butter darunter bröseln. Die Fruchtsäfte sowie das Wasser hinzufügen und alles zu einem Teig vermengen.

4 Den Teig auf einer leicht bemehlten Arbeitsfläche 5 Minuten kneten (oder in einer Küchenmaschine mit einem Knethaken); in eine ausgefettete Schüssel legen, zudecken und an einem warmen Ort etwa 1 Stunde lang gehen lassen.

5 Inzwischen die Schalen der Zitrusfrüchte fein abreiben und unter den Teig kneten.

6 Aus dem Teig 2 Kugeln formen, wobei eine etwas kleiner als die andere sein sollte.

7 Die größere Kugel auf das vorbereitete Backblech legen und die kleinere darauf setzen.

8 Mit dem bemehlten Zeigefinger ein Loch in die Mitte des Teigs drücken. Den Teig zugedeckt 40 Minuten gehen lassen.

9 Das Brot im vorgeheizten Ofen bei 220 °C (Gas: Stufe 4) ca. 35 Minuten backen. Herausnehmen und mit dem Honig glasieren.

Mangozopf

Hier wird pürierte Mango unter den Teig gemischt, aus dem dann ein saftiger süßer Zopf mit exotischem Aroma entsteht.

Für 1 Laib

ZUTATEN

Butter für die Form
500 g Weizenmehl Type 550
1 TL Salz
1 Pck. Trockenbackhefe
1 TL frisch geriebener Ingwer
50 g feiner brauner Zucker
50 g Butterflöckchen
1 kleine geschälte, entkernte und pürierte Mango
250 ml lauwarmes Wasser
2 EL dünnflüssiger Honig
125 g Sultaninen
1 verquirltes frisches Ei
Puderzucker zum Bestäuben

1 Ein Backblech ausfetten. Das Mehl und das Salz in eine große Schüssel sieben, die Hefe, den Ingwer sowie den Zucker in der Mischung verrühren und die Butter mit den Fingern darunter böseln.

2 Die pürierte Mango, das Wasser und den Honig dazugeben; alles zu einem Teig verrühren.

3 Den Teig auf einer leicht bemehlten Arbeitsfläche etwa 5 Minuten kneten (oder in einer Küchenmaschine mit einem Knethaken). In eine gefettete Schüssel legen und zugedeckt 1 Stunde gehen lassen, bis er die doppelte Größe angenommen hat.

4 Die Sultaninen unter den Teig mischen und diesen zu zwei langen Wülsten formen. Diese behutsam zu einem Zopf flechten und an den Enden zusammendrücken. Auf das Backblech legen, zudecken und dann weitere 40 Minuten an einem warmen Ort gehen lassen.

5 Den Zopf mit Ei bepinseln und im vorgeheizten Ofen bei 220 °C (Gas: Stufe 4) ca. 30 Minuten backen, bis er goldbraun ist. Auf einem Kuchengitter abkühlen lassen. Vor dem Servieren mit Puderzucker bestäuben.

TIPP

Um zu testen, ob der Zopf fertig ist, auf den Boden klopfen. Wenn es hohl klingt, ist er fertig.

Schokoladenbrot

Kinder und alle anderen, die Schokolade lieben, werden an diesem Brot ihre ganz besondere Freude haben.

Für 1 Laib

ZUTATEN

Butter für die Form
500 g Weizenmehl Type 550
2 EL Kakaopulver
1 TL Salz
1 Pck. Trockenbackhefe
2 EL feiner brauner Zucker
1 EL Öl
300 ml lauwarmes Wasser

1 Eine 1-kg-Kastenform leicht mit Butter ausfetten.

2 Das Mehl und das Kakaopulver durch ein Sieb in eine große Schüssel geben.

3 Das Salz, die Trockenbackhefe und den Zucker untermengen.

4 Das Öl zusammen mit dem lauwarmen Wasser zu der Mischung geben. Das Ganze zu einem Teig verrühren.

5 Den Teig auf eine leicht bemehlte Arbeitsfläche geben und 5 Minuten durchkneten.

6 Ihn in eine gefettete Schüssel legen und zugedeckt 1 Stunde gehen lassen, bis er die doppelte Größe angenommen hat.

7 Den Teig kräftig durchkneten und dann zu einem Laib formen. Diesen in die vorbereitete Kastenform geben, gut andrücken, zudecken und an einem warmen Ort weitere 30 Minuten gehen lassen.

8 Das Brot im vorgeheizten Ofen bei 200 °C (Gas: Stufe 3) etwa 25 bis 30 Minuten backen, bis der Laib hohl klingt, wenn man auf seine Unterseite klopft.

9 Das Brot auf ein Kuchengitter legen und abkühlen lassen. In Scheiben geschnitten servieren.

TIPP

Man kann die Brotscheiben mit Butter bestreichen oder auch leicht toasten.

2

4

7

Irisches Brot

Diese Variante des traditionellen irischen Brotes isst man am besten noch am selben Tag, an dem es gebacken wird.

Für 1 Laib

ZUTATEN

Butter für die Form
300 g Weizenvollkornmehl
300 g Weizenmehl Type 405
2 TL Backpulver
1 TL Natron
2 EL Feinzucker
1 TL Salz
1 verquirltes frisches Ei
500 g Naturjoghurt

1 Ein quadratisches Backblech ausfetten und mit Mehl bestäuben.

2 Die beiden Mehle, das Backpulver, das Natron, den Zucker und das Salz durch ein Sieb in eine große Schüssel geben.

3 Das Ei sowie den Joghurt verrühren und die Mischung zu den anderen Zutaten geben. Alles miteinander zu einem festen klebrigen Teig verrühren.

4 Den Teig auf einer leicht bemehlten Arbeitsfläche einige Minuten kneten, bis er weich ist, und dann zu einem runden Laib von etwa 5 cm Höhe formen.

5 Diesen auf das Backblech legen und auf der Oberseite mit einem Messer über Kreuz zwei Schnitte anbringen.

6 Den Laib im vorgeheizten Ofen bei 200 °C (Gas: Stufe 3) etwa 10 Minuten backen, bis er goldbraun ist.

7 Das Brot auf ein Kuchengitter legen, abkühlen lassen und in Scheiben geschnitten servieren.

VARIATION

Um eine fruchtige Variante dieses Brotes zu erhalten, fügen Sie in Schritt 2 noch 125 g Rosinen hinzu.

Gewürzbrot

Dieses würzige Brot serviert man am besten frisch aus dem Ofen zusammen mit einer Suppe als leichtes Mittag- oder Abendessen.

Für 1 Laib

ZUTATEN

Butter für das Blech
300 g Weizenmehl Type 405
1 TL Backpulver
1 Msp. Salz
1/2 Pck. Trockenbackhefe
1 Msp. Cayennepfeffer
2 TL Currypulver
2 TL Mohn
2 EL Butterflöckchen
150 ml Milch
1 verquirltes frisches Ei

1 Ein quadratisches Backblech mit Butter ausfetten.

2 Das Mehl zusammen mit dem Backpulver und dem Salz in eine Schüssel sieben. Die Hefe hinzufügen. Dann den Cayennepfeffer, das Currypulver und den Mohn dazugeben.

3 Die Butter mit den Fingern darunter bröseln und alles gut vermengen.

4 Die Milch sowie das Ei dazugeben und alles gut verrühren.

5 Den Teig auf eine leicht bemehlte Arbeitsfläche geben und einige Minuten leicht kneten.

6 Den Teig zu einem runden Laib formen, auf das Blech setzen und auf der Oberseite über Kreuz zwei Schnitte anbringen.

7 Den Laib im vorgeheizten Ofen bei 200 °C (Gas: Stufe 3) ca. 45 Minuten backen.

8 Auf ein Kuchengitter legen und abkühlen lassen. In Stücken oder Scheiben servieren.

TIPP

Wenn das Brot zu schnell braun wird und schwarz werden könnte, bedeckt man es für die übrige Backzeit am besten mit Alufolie.

Maisbrot mit Chili

Dieses mexikanische Maisbrot passt hervorragend zu einem feurigen Chiligericht, kann aber auch für sich allein als würziger Snack gereicht werden.

Für 12 Stück

ZUTATEN

Butter für die Form
125 g Weizenmehl Type 405
125 g Maismehl
1 EL Backpulver
1/2 TL Salz
1 entkernte und fein gehackte grüne Chilischote
5 fein gehackte Frühlingszwiebeln oder Schalotten
2 frische Eier
150 g saure Sahne
125 ml Sonnenblumenöl

1 Eine quadratische Kuchenform von ca. 20 cm Seitenlänge ausfetten und den Boden mit Backpapier auslegen.

2 In einer Schüssel die Mehle, das Backpulver und das Salz miteinander vermischen.

3 Die gehackte Chilischote und die gehackten Frühlingszwiebeln oder Schalotten hinzufügen; alles gut vermischen.

4 Die Eier in einem Messbecher mit der sauren Sahne und dem Sonnenblumenöl verquirlen. Die Mischung zu den anderen Zutaten geben, alles rasch und gründlich miteinander verrühren.

5 Die Mischung in die vorbereitete Form geben. Das Brot im vorgeheizten Ofen bei 200 °C (Gas: Stufe 3) 20 bis 25 Minuten backen, bis es aufgegangen und leicht braun ist.

6 Das Brot etwas abkühlen lassen, ehe man es aus der Form hebt. Zum Servieren in Riegel oder Vierecke schneiden.

VARIATION

Wenn Sie wollen, können Sie in Schritt 3 noch 150 g Maiskörner zu der Mischung hinzufügen.

3

4

4

Käse-Kartoffel-Brot

Dieses durch die Verwendung von gestampften Kartoffeln recht saftige Brot mit Käsearoma eignet sich besonders gut als schmackhafter Snack.

Für 4 Personen

ZUTATEN

Butter für das Blech
250 g Weizenmehl Type 405
1 TL Salz
1/2 TL Senfpulver
2 TL Backpulver
125 g geriebener würziger Hartkäse
175 g gekochte und gestampfte Kartoffeln
200 ml Wasser
1 EL Öl

1 Ein rechteckiges Backblech leicht mit Butter ausfetten.

2 Das Mehl, das Salz, das Senfpulver und das Backpulver in eine Schüssel sieben.

3 Etwa 2 Esslöffel Käse beiseite tun und den Rest zusammen mit den Kartoffeln in die Schüssel geben.

4 Das Wasser und das Öl dazugeben. Alles gut verrühren, sodass man eine feuchte Masse erhält, und zu einem weichen Teig verarbeiten.

5 Diesen auf einer bemehlten Arbeitsfläche zu einem runden flachen Laib von ca. 20 cm Ø formen.

6 Ihn auf das Backblech legen und an der Oberfläche mit einem Messer vierteln, aber nicht ganz durchschneiden. Den restlichen Käse darüber streuen.

7 Das Brot im vorgeheizten Ofen bei 220 °C (Gas: Stufe 4) 25 bis 30 Minuten backen. Das Brot auf einem Kuchengitter abkühlen lassen und möglichst noch lauwarm servieren.

TIPP

Sie können für den Teig auch fertiges Kartoffelpüree nehmen.

VARIATION

In Schritt 3 können Sie 50 g gehackten Schinken zur Backmischung geben.

Schinken-Käse-Laib

Wichtig ist bei diesem Rezept, dass man schnell arbeitet, sobald man die flüssigen Zutaten in den Teig eingerührt hat.

Für 6 Personen

ZUTATEN

Butter für die Form
250 g Weizenmehl Type 405
1 TL Salz
2 TL Backpulver
1 TL Paprikapulver
1/2 Pck. Trockenbackhefe
75 g in kleine Stücke geschnittene Butter
150 g geriebener würziger Hartkäse
100 g klein geschnittener Räucherschinken
2 verquirlte frische Eier
150 ml Milch

1 Eine 500-g-Kastenform ausfetten und den Boden mit Backpapier auslegen.

2 Das Mehl, das Salz, das Backpulver und das Paprikapulver in eine Schüssel sieben. Die Hefe hinzufügen.

3 Die Butter darunter bröseln. Dann den Käse und den Schinken damit vermengen.

4 Die Eier sowie die Milch hinzufügen und alles gut miteinander vermischen.

5 Die Schinken-Käse-Mischung löffelweise in die vorbereitete Kastenform geben.

6 Den Teig im vorgeheizten Ofen bei 180 °C (Gas: Stufe 2) etwa 1 Stunde backen, bis der Laib schön aufgegangen ist.

7 Das Brot zunächst etwas abkühlen lassen, dann aus der Form stürzen und auf einem Kuchengitter auskühlen lassen.

8 Das Brot in dicken Scheiben servieren.

TIPP

Dieses schmackhafte Brot sollte noch am selben Tag verzehrt werden, da es sich nicht lange hält.

VARIATION

Man kann für dieses Brot jeden Hartkäse, aber durchaus auch mildere Sorten verwenden.

3

4

4

PIMENTON

Käse-Schnittlauch-Brot

Dieses Brot ist recht schnell gefertigt und sollte möglichst frisch verzehrt werden, weil es dann sein intensives Käsearoma am besten entfaltet.

Für 8 Personen

ZUTATEN

Butter für die Form
250 g Weizenmehl Type 405
1 TL Salz
1 TL Senfpulver
1/2 Pck. Trockenbackhefe
100 g geriebener würziger Hartkäse
2 EL gehackter Schnittlauch
1 verquirltes frisches Ei
2 EL zerlassene Butter
150 ml Milch

1 Eine quadratische Kuchenform von ca. 23 cm Seitenlänge ausfetten und den Boden mit Backpapier auslegen.

2 Das Mehl, das Salz und das Senfpulver in eine Schüssel sieben. Die Hefe dazugeben.

3 Etwa 3 Esslöffel Käse beiseite tun, um später damit den Brotlaib zu bestreuen.

4 Den übrigen Käse zusammen mit dem Schnittlauch zu den anderen Zutaten geben und alles gut vermischen.

5 Das Ei, die zerlassene Butter sowie die Milch hinzufügen und alles gut mit einem Kochlöffel verrühren.

6 Die Mischung in die Backform geben und mit einem Messer glatt streichen. Den aufbewahrten Käse darüber streuen.

7 Das Brot im vorgeheizten Ofen bei 200 °C (Gas: Stufe 3) etwa 30 Minuten backen. In der Form etwas abkühlen lassen, herausnehmen, auf einem Kuchengitter weiter abkühlen lassen. In Dreiecke schneiden.

TIPP

Man kann für dieses Rezept jeden beliebigen würzigen Schnittkäse verwenden.

4

5

6

Knoblauchbrötchen

Etwas Vergleichbares zu diesen weichen Brötchen mit ihrem feinen Knoblaucharoma werden Sie in keinem Bäckerladen finden.

Für 8 Stück

ZUTATEN

Butter für das Blech
12 geschälte Knoblauchzehen
350 ml Milch
500 g Weizenmehl Type 550
1 TL Salz
1 Pck. Trockenbackhefe
1 EL getrocknete Kräutermischung
2 EL Sonnenblumenöl
1 verquirltes frisches Ei
Milch zum Bepinseln
Steinsalz zum Bestreuen

1 Ein Backblech ausfetten. Den Knoblauch zusammen mit der Milch in einem Topf aufkochen und dann 15 Minuten köcheln lassen. Etwas abkühlen lassen, alles in einen Mixer oder eine Küchenmaschine geben und den Knoblauch pürieren.

2 Das Mehl und das Salz durch ein Sieb in eine große Schüssel geben. Die Hefe sowie die Kräuter hinzufügen und damit vermengen.

3 Knoblauchmilch, Öl sowie das Ei hinzufügen und alles zu einem Teig verrühren.

4 Den Teig auf eine etwas bemehlte Arbeitsfläche geben und einige Minuten leicht kneten, bis er schön weich ist.

5 Den Teig in einer gefetteten Schüssel zugedeckt an einem warmen Ort in etwa 1 Stunde zur doppelten Größe aufgehen lassen.

6 Den Teig 2 Minuten kräftig durchkneten. 8 Brötchen daraus formen und diese auf das Backblech legen. Jedes oben mit einem Messer etwas einschneiden. Die Brötchen dann zudecken und weitere 15 Minuten gehen lassen.

7 Mit der Milch bepinseln und mit Steinsalz bestreuen.

8 Im vorgeheizten Ofen bei 220 °C (Gas: Stufe 4) 15 bis 20 Minuten backen.

9 Die Brötchen auf ein Kuchengitter legen und auskühlen lassen.

TIPP

Die Brötchen in Schritt 7 mit einer fein gehackten Knoblauchzehe bestreuen.

Mini-Focaccia

Focaccia ist ein pizzaähnliches italienisches Brot, das mit Olivenöl zubereitet wird.

Für 4 Stück

ZUTATEN

Öl für das Blech
400 g Weizenmehl Type 550
1/2 TL Salz
1 Pck. Trockenbackhefe
2 EL kaltgepresstes Olivenöl
250 ml lauwarmes Wasser
100 g halbierte und entkernte grüne oder schwarze Oliven

FÜR DEN BELAG:
2 in Ringe geschnittene rote Zwiebeln
2 EL kaltgepresstes Olivenöl
1 TL Meersalz
1 EL Thymianblätter

1 Ein Backblech mit etwas Öl ausfetten. Das Mehl und das Salz in eine Schüssel sieben, dann die Hefe unterrühren. Das Olivenöl sowie das Wasser zugeben und alles zu einem Teig verrühren.

2 Den Teig auf eine leicht bemehlte Arbeitsfläche geben und etwa 10 Minuten lang durchkneten oder in einer Küchenmaschine 7 bis 8 Minuten kneten.

3 Den Teig in eine gefettete Schüssel geben, zudecken und an einem warmen Ort 60 bis 90 Minuten zur doppelten Größe aufgehen lassen. Dann noch einmal 1 bis 2 Minuten kräftig kneten.

4 Die Hälfte der Oliven in den Teig kneten. Ihn in 4 Portionen teilen und daraus runde Fladen formen. Diese auf das Backblech geben und mit den Fingern kleine Dellen in den Teig drücken.

5 Die Zwiebeln und die übrigen Oliven auf die Teigfladen geben. Das Olivenöl darüber träufeln und jeden Fladen mit Meersalz sowie Thymianblättern bestreuen. Zudecken und den Teig weitere 30 Minuten gehen lassen.

6 Im vorgeheizten Ofen bei 200 °C (Gas: Stufe 3) 20 bis 25 Minuten backen, bis die Focaccia goldbraun sind.

7 Sie auf ein Kuchengitter legen und vor dem Servieren abkühlen lassen.

VARIATION

Mit derselben Menge lässt sich auch eine große Focaccia zubereiten.

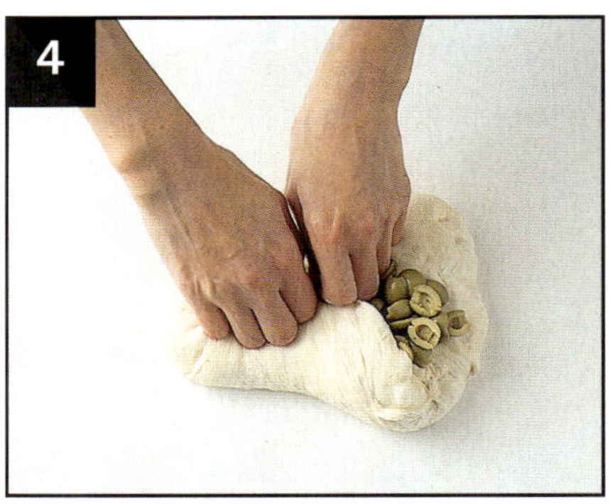

Tomatenbrötchen

Das besondere Merkmal dieser Brötchen sind die fein gehackten sonnengetrockneten Tomaten, die dem Teig beigemengt werden.

Für 8 Stück

ZUTATEN

Butter für das Blech
250 g Weizenmehl Type 550
1/2 TL Salz
1 Pck. Trockenbackhefe
100 g zerlassene, leicht abgekühlte Butter
3 EL warme Milch
2 verquirlte frische Eier
50 g gut abgetropfte und fein gehackte sonnengetrocknete Tomaten
Milch zum Bepinseln

1 Ein Backblech leicht mit Butter ausfetten.

2 Das Mehl und das Salz in eine Schüssel sieben. Die Hefe untermengen, dann die Butter, die Milch und die Eier unterziehen. Alles zu einem Teig verrühren.

3 Den Teig auf eine leicht bemehlte Arbeitsfläche geben und etwa 5 Minuten durchkneten (oder in einer Küchenmaschine mit einem Knethaken kneten).

4 Den Teig in eine gefettete Schüssel geben, zudecken und an einem warmen Ort 60 bis 90 Minuten stehen lassen, bis er auf die doppelte Größe aufgegangen ist. Den Teig danach 1 bis 2 Minuten kräftig kneten.

5 Die Tomaten unter den Teig kneten; dazu die Arbeitsfläche stärker bemehlen, da die Tomaten meist recht ölig sind.

6 Den Teig in 8 Bällchen teilen und diese auf das Backblech legen. Zudecken und weitere 30 Minuten gehen lassen, bis die Bällchen doppelt so groß sind wie zuvor.

7 Die Brötchen mit Milch bepinseln und im vorgeheizten Ofen bei 230 °C (Gas: Stufe 5) 10 bis 15 Minuten backen, bis sie goldbraun sind.

8 Die Brötchen auf einem Kuchengitter etwas abkühlen lassen und dann servieren.

TIPP

Die Trockenbackhefe, die für dieses Rezept verwendet wird, ist in jedem Supermarkt erhältlich.

3
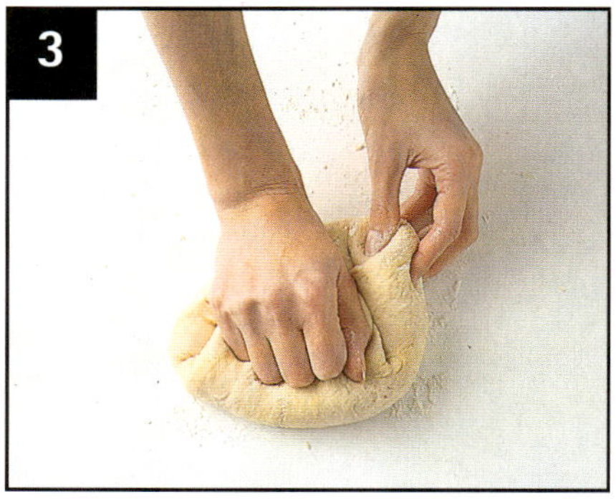

5
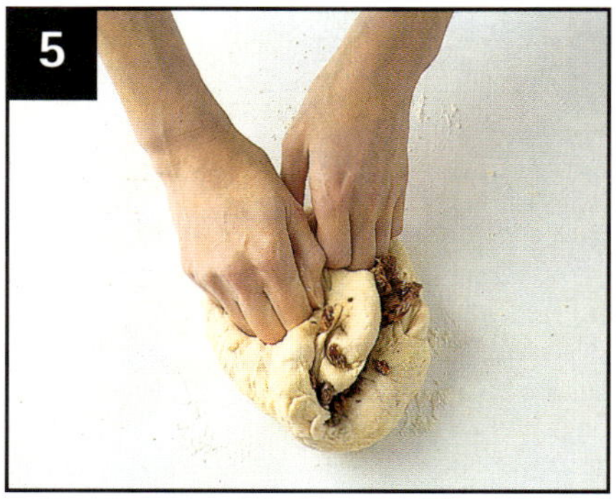

6

Thymiancroissants

Sie unterscheiden sich von üblichen Croissants durch den getrockneten Thymian und eignen sich hervorragend als kleine Zwischenmahlzeit.

Für 8 Stück

ZUTATEN

- Butter für das Blech
- 250 g fertiger Blätterteig
- 100 g weiche Butter
- 1 durchgepresste Knoblauchzehe
- 1 TL Zitronensaft
- 1 TL getrockneter Thymian
- Salz
- Pfeffer (aus der Mühle)

1 Ein Backblech leicht mit Butter ausfetten.

2 Den Blätterteig auf einer leicht bemehlten Arbeitsfläche zu einem Kreis von ca. 25 cm Ø ausrollen und in 8 Keile teilen.

3 Die Butter, den Knoblauch, den Zitronensaft und den Thymian in einer Schüssel vermischen, bis eine weiche Masse entsteht. Mit Salz und Pfeffer würzen.

4 Auf jeden Keil etwas von der Masse streichen; dabei die Mischung gleichmäßig verteilen.

5 Jeden der Keile von der Außenseite zur Spitze hin aufrollen.

6 Die Croissants auf das Backblech legen und 30 Minuten ruhen lassen.

7 Das Backblech anschließend mit etwas kaltem Wasser besprenkeln. Das Wasser verdampft beim Backen und trägt so dazu bei, dass die Croissants besser aufgehen. Alles im vorgeheizten Ofen bei 200 °C (Gas: Stufe 3) 15 bis 20 Minuten backen, bis die Croissants gut aufgegangen und goldbraun sind.

TIPP

Getrocknete Kräuter haben ein weitaus intensiveres Aroma als frische, weshalb sie für dieses Gebäck ideal sind. Man kann dafür auch andere Kräutersorten verwenden, etwa Rosmarin oder Salbei, oder eine Kräutermischung.

Pikante Scones

*Scones sind ein typisches englisches Teegebäck.
Durch die Zugabe von Käse und Senf erhalten sie hier ein ungewöhnliches Aroma.*

Für 8 Stück

ZUTATEN

Butter für das Blech
250 g Weizenmehl Type 405
1 TL Backpulver
1 Prise Salz
1 Pck. Trockenbackhefe
50 g in kleine Stücke geschnittene Butter
150 g geriebener würziger Hartkäse
1 TL Senfpulver
150 ml Milch
Pfeffer (aus der Mühle)

1 Ein Backblech leicht mit Butter ausfetten.

2 Das Mehl, das Salz und das Backpulver in eine Schüssel sieben. Die Hefe dazugeben und verrühren. Die Butter mit den Fingern darunter bröseln.

3 Den Käse, das Senfpulver und ausreichend Milch zu einem weichen Teig verrühren.

4 Diesen auf einer leicht bemehlten Arbeitsfläche ein wenig kneten und mit den Handflächen zu einem etwa 3 cm dicken runden Fladen flach drücken.

5 Den Teig mit einem Messer in 8 Keile schneiden. Jeden mit etwas Milch bepinseln und mit wenig Pfeffer bestreuen.

6 Die Scones im vorgeheizten Ofen bei 220 °C (Gas: Stufe 4) 10 bis 15 Minuten backen, bis sie goldbraun sind.

7 Die Scones auf ein Kuchengitter legen und vor dem Servieren etwas abkühlen lassen.

TIPP

Man sollte dieses Gebäck noch am selben Tag verzehren, da es sehr schnell trocken wird. Halbieren und mit Butter bestreichen.

2

3

5

Käseplätzchen

Hier ein Käsegebäck mit intensivem Buttergeschmack. Verwenden Sie für dieses Rezept unbedingt gut gereiften Käse, um ein kräftiges Aroma zu erzielen.

Für etwa 35 Stück

ZUTATEN

Butter für die Bleche
150 g Weizenmehl Type 405
150 g geriebener, sehr würziger Hartkäse
50 g in kleine Stücke geschnittene Butter
1 frisches Eigelb
Sesamsamen zum Bestreuen

1 Mehrere Backbleche leicht mit Butter ausfetten.

2 Das Mehl und den Käse in einer Schüssel gut vermischen.

3 Die Butter zu der Mehl-Käse-Mischung geben und alles mit den Fingern gut verkneten.

4 Das Eigelb dazugeben, alles zu einem Teig vermischen. Ihn einwickeln und 30 Minuten im Kühlschrank ruhen lassen.

5 Auf einer leicht bemehlten Arbeitsfläche den Käseteig dünn ausrollen. Kleine Scheiben von ca. 5 cm Ø ausstechen; die Reste erneut ausrollen, bis etwa 35 Scheiben vorhanden sind.

6 Diese auf die Backbleche geben und mit Sesamsamen bestreuen.

7 Die Plätzchen im vorgeheizten Ofen bei 200 °C (Gas: Stufe 3) etwa 20 Minuten backen, bis sie goldbraun sind.

8 Die Käseplätzchen auf ein Kuchengitter legen und vor dem Servieren auskühlen lassen.

TIPP

Man kann die Plätzchen mit jeder beliebigen Form ausstechen. Kinder erfreuen sich an Tierfiguren oder anderen lustigen Formen.

3

5

6

Leckere Curryplätzchen

Probieren Sie verschieden starke Currypulver aus, bis Sie dasjenige finden, das Ihnen für diese Plätzchen am meisten zusagt.

Für etwa 40 Stück

ZUTATEN

Butter für die Bleche
100 g Weizenmehl Type 405
1 TL Salz
2 TL Currypulver
100 g geriebener alter Hartkäse
100 g geriebener Parmesan
100 g weiche Butter

1 Etwa 4 Backbleche leicht mit Butter ausfetten.

2 Das Weizenmehl zusammen mit dem Salz in eine große Schüssel sieben.

3 Das Currypulver und die geriebenen Käse mit dem Mehl vermengen. Anschließend die Butter mit den Fingern darunter bröseln, bis ein weicher Teig entsteht.

4 Den Teig auf einer leicht bemehlten Arbeitsfläche zu einem dünnen Rechteck ausrollen.

5 Mit einer gewellten runden Ausstechform von ca. 5 cm Ø etwa 40 Plätzchen ausstechen.

6 Die Plätzchen auf die Backbleche setzen.

7 Sie im vorgeheizten Ofen bei 180 °C (Gas: Stufe 2) 10 bis 15 Minuten backen.

8 Die Plätzchen auf den Backblechen etwas abkühlen lassen, dann auf ein Kuchengitter legen und warten, bis sie ausgekühlt und schön knusprig sind.

TIPP

Man kann die Plätzchen einige Tage aufbewahren, am besten in einem luftdichten Behälter.

Käsesoufflé

Diese Variante unterscheidet sich von einem klassischen Soufflé vor allem dadurch, dass sie weniger stark aufgeht.

Für 4 Personen

ZUTATEN

Butter für die Form
150 g frische Semmelbrösel
100 g geriebener Greyerzer (Gruyère)
150 ml lauwarme Milch
125 g zerlassene Butter
je 2 frische Eigelb und Eiweiß
Salz
Pfeffer (aus der Mühle)
2 EL gehackte Petersilie

1 Eine feuerfeste 1-Liter-Form mit Butter ausfetten.

2 Die Semmelbrösel sowie den Käse in eine Schüssel geben und vermischen.

3 Die Milch dazugeben und alles gut vermischen. Die Butter, die Eigelbe, Salz und Pfeffer nach Belieben sowie die Petersilie hinzufügen. Alles gut verrühren.

4 Die Eiweiße steif schlagen, die Käsemischung unterheben.

5 Die Mischung in die feuerfeste Form geben.

6 Das Soufflé im vorgeheizten Ofen bei 200 °C (Gas: Stufe 3) ca. 45 Minuten backen, bis es goldbraun und etwas aufgegangen ist. Sicherheitshalber die Stäbchenprobe durchführen (Stäbchen in das Soufflé stecken; klebt kein Teig an dem Stäbchen, ist es fertig). Heiß servieren. Dazu passt am besten grüner Salat.

VARIATION

Sie können für dieses Soufflé jeden anderen Käse Ihrer Wahl verwenden; wichtig ist nur, dass er sehr würzig ist.

TIPP

Besonders Gesundheitsbewusste verwenden für das Käsesoufflé frische Semmelbrösel aus Vollkornmehl.

2

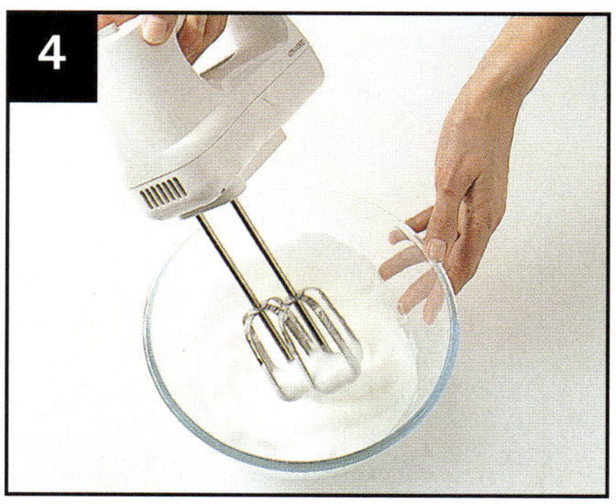
4

4

Käse-Zwiebel-Törtchen

Diese knusprigen Törtchen enthalten eine leckere Füllung aus Zwiebeln, Knoblauch und Petersilie. Sie eignen sich vorzüglich als Pausenmahlzeit.

Für 4 Stück

ZUTATEN

- 3 EL Pflanzenöl
- 4 enthäutete und fein gehackte Zwiebeln
- 4 durchgepresste Knoblauchzehen
- 4 EL fein gehackte Petersilie
- 75 g geriebener würziger Hartkäse
- Salz
- Pfeffer (aus der Mühle)

FÜR DEN TEIG:

- 200 g Weizenmehl Type 405
- 1/2 TL Salz
- 100 g in kleine Stücke geschnittene Butter
- ca. 4 EL Wasser

1 Das Öl in einer Pfanne erhitzen. Die Zwiebeln sowie den Knoblauch hinzufügen und alles 10 bis 15 Minuten dünsten, bis die Zwiebeln weich sind. Vom Herd nehmen, die Petersilie sowie den Käse unterrühren und würzen.

2 Das Mehl und das Salz in eine Schüssel sieben und die Butter mit den Fingern darin verkneten, bis eine bröselige Masse entsteht. Das Wasser hinzufügen und das Ganze zu einem Teig verrühren.

3 Den Teig auf einer leicht bemehlten Arbeitsfläche ausrollen und in 8 gleich große Portionen aufteilen.

4 Jede Portion zu einem Fladen von etwa 10 cm Ø ausrollen. Mit der Hälfte der Fladen 4 Tortelettformen auslegen.

5 Darauf je ein Viertel der Zwiebel-Mischung geben und mit einem der 4 übrigen Teigfladen bedecken. In die Teigdeckel einen kleinen Schlitz scheiden und die Ränder durch Zusammendrücken gut verschließen Die Törtchen im vorgeheizten Ofen bei 220 °C (Gas: Stufe 4) ca. 20 Minuten backen. Heiß oder kalt servieren

TIPP

Man kann die Zwiebelfüllung auch im Voraus zubereiten und im Kühlschrank aufbewahren.

1

1

5

Gestürzter Zwiebelkuchen

Fertiger Blätterteig eignet sich besonders gut für dieses Rezept, und außerdem spart man so einiges an Zeit.

Für 4 Personen

ZUTATEN

- 50 g Butter
- 1 EL Zucker
- 500 g enthäutete und geviertelte rote Zwiebeln
- 3 EL Rotweinessig
- 2 EL Thymianblätter
- Salz
- Pfeffer (aus der Mühle)
- 250 g fertiger Blätterteig

1 Die Butter sowie den Zucker in eine Pfanne von etwa 23 cm Ø geben, auf mittlerer Stufe schmelzen lassen und verrühren.

2 Die Zwiebeln hinzufügen und bei geringer Hitze 10 bis 15 Minuten unter gelegentlichem Rühren leicht goldgelb dünsten.

3 Rotweinessig und Thymianblätter in die Pfanne geben. Mit Salz sowie Pfeffer würzen und bei mittlerer Hitze köcheln lassen, bis die Flüssigkeit zum Großteil verkocht und die Zwiebeln mit der Buttersauce überzogen sind.

4 Den Blätterteig auf einer leicht bemehlten Arbeitsfläche zu einem runden Fladen ausrollen, der etwas größer als die Pfanne ist.

5 Den Teig über die Zwiebelmischung legen und andrücken; den Rand fest andrücken, um den Kuchen zu verschließen.

6 Den Kuchen im vorgeheizten Ofen bei 180 °C (Gas: Stufe 2) 20 bis 25 Minuten backen und noch 10 Minuten in der Pfanne lassen.

7 Einen Servierteller auf die Pfanne legen und dann beides mit Schwung umdrehen, sodass der Kuchen mit der Blätterteigseite nach unten auf dem Teller zu liegen kommt. Warm servieren.

VARIATION

Man kann die roten Zwiebeln auch durch Schalotten ersetzen. Diese lassen sich unzerteilt verwenden.

Kartoffelstrudel

Dieser Blätterteigstrudel stellt eine interessante Alternative zu den sonst üblichen Kartoffelbeilagen dar. Er eignet sich aber auch separat als leichte Mahlzeit.

Für 6 Personen

ZUTATEN

Butter für das Blech
750 g geschälte und in dünne Scheiben geschnittene Kartoffeln
2 fein gehackte Frühlingszwiebeln oder Schalotten
1 fein gehackte rote Zwiebel
150 g Crème fraîche
Salz
Pfeffer (aus der Mühle)
500 g fertiger Blätterteig
2 verquirlte frische Eier

1 Ein Backblech leicht ausfetten. Einen Topf mit Wasser zum Kochen bringen, die Kartoffelscheiben hineingeben, das Ganze erneut zum Kochen bringen und dann einige Minuten köcheln lassen. Die Kartoffelscheiben abtropfen und abkühlen lassen. Mit Küchentuch trockentupfen.

2 Frühlingszwiebeln (oder Schalotten), Zwiebel und Kartoffelscheiben vermengen. 2 EL Crème hinzufügen und würzen.

3 Den Blätterteig in 2 Hälften teilen. Die eine Hälfte zu einem runden Fladen von 23 cm Ø ausrollen, die andere zu einem etwas größeren von etwa 25 cm Ø.

4 Den kleineren Fladen auf das Blech legen und mit der Kartoffelmischung bedecken; dabei zum Rand hin rundherum etwa 3 cm freilassen. Den Rand mit etwas verquirltem Ei bepinseln.

5 Das Ganze mit dem größeren Teigfladen bedecken, gut andrücken und den Teigrand etwas aufrollen. Im Zentrum einen kleinen Schlitz anbringen und ihn mit dem Rücken eines Messers markieren. Alles mit etwas verquirltem Ei bepinseln und im vorgeheizten Ofen bei 200 °C (Gas: Stufe 3) etwa 30 Minuten backen.

6 Das übrige Ei mit der restlichen Crème vermischen und durch den Schlitz in den Strudel träufeln. 15 Minuten backen, dann 30 Minuten abkühlen lassen. Warm oder kalt servieren.

TIPP

Man kann die Füllung bis zu 4 Stunden vorher zubereiten.

2

3

4

Blätterteigbrote mit Tomaten

Gleich nach dem Backen sind diese schön belegten kleinen Brote am knusprigsten und sollten daher möglichst rasch verzehrt werden.

Für 6 Personen

ZUTATEN

250 g fertiger Blätterteig
1 verquirltes frisches Ei
2 EL Pesto (aus dem Glas)
6 in Scheiben geschnittene Flaschentomaten
Salz
Pfeffer (aus der Mühle)
wahlweise Thymianblätter zum Garnieren

1 Den Blätterteig auf einer bemehlten Arbeitsfläche zu einem Rechteck von 25 x 30 cm ausrollen.

2 Das Rechteck halbieren und jede Hälfte in 3 Stücke teilen, sodass man 6 gleiche Rechtecke erhält. 20 Minuten ruhen lassen.

3 Die Teigränder kreuzweise leicht anritzen und mit dem verquirlten Ei bepinseln.

4 Die Teigstücke gleichmäßig mit Pesto bestreichen und dabei einen Rand von etwa 3 cm freilassen.

5 Die Tomatenscheiben versetzt jeweils in der Mitte der Teigstücke auf den Pesto schichten.

6 Die Tomaten gut mit Salz sowie Pfeffer würzen und eventuell mit Thymianblättern bestreuen.

7 Die Brote im vorgeheizten Ofen bei 200 °C (Gas: Stufe 3) 15 bis 20 Minuten backen, bis der Blätterteig aufgegangen ist.

8 Die Tomatenbrote direkt aus dem Ofen auf vorgewärmte Teller geben und servieren, solange sie noch ofenfrisch und heiß sind.

VARIATION

Sie können den Blätterteig auch zu einer großen rechteckigen Pizza ausrollen und diese mit dem Pesto bestreichen sowie mit den Tomatenscheiben belegen.

Tarte Provençal

Als Alternative zur Quiche Lorraine eine Tarte, die durch die Zucchini sowie die roten und grünen Paprikaschoten ein buntes Abbild Südfrankreichs ist.

Für 6–8 Personen

ZUTATEN

- 250 g fertiger Blätterteig
- 3 EL frisch gepresstes Olivenöl
- 2 entkernte und gewürfelte rote Paprikaschoten
- 2 entkernte und gewürfelte grüne Paprikaschoten
- 150 g Crème fraîche
- 1 frisches Ei
- Salz
- Pfeffer (aus der Mühle)
- 2 in Scheiben geschnittene Zucchini

1 Den Blätterteig auf einer leicht bemehlten Arbeitsfläche ausrollen und damit eine Quicheform von etwa 20 cm Ø auslegen. 20 Minuten im Kühlschrank ruhen lassen.

2 Inzwischen 2 EL Olivenöl in einer Pfanne erhitzen und die Paprikawürfel etwa 8 Minuten unter Rühren darin weich dünsten.

3 Die Crème fraîche sowie das Ei in einer Schüssel verrühren und nach Belieben mit Salz sowie Pfeffer würzen. Die gedünsteten Paprikawürfel dazugeben.

4 Das übrige Öl in einer Pfanne erhitzen und darin die Zucchinischeiben 4 bis 5 Minuten braten, bis sie eine leicht bräunliche Färbung annehmen.

5 Die Mischung aus Ei und Paprika auf den Teigboden geben.

6 Die Zucchinischeiben um den Rand der Tarte legen.

7 Die Tarte im vorgeheizten Ofen bei 180 °C (Gas: Stufe 2) 35 bis 40 Minuten backen, bis sie fest und goldbraun ist.

TIPP

Statt einer großen Tarte kann man auch 6 kleine Torteletts zubereiten, die aber nur 20 Minuten gebacken werden.

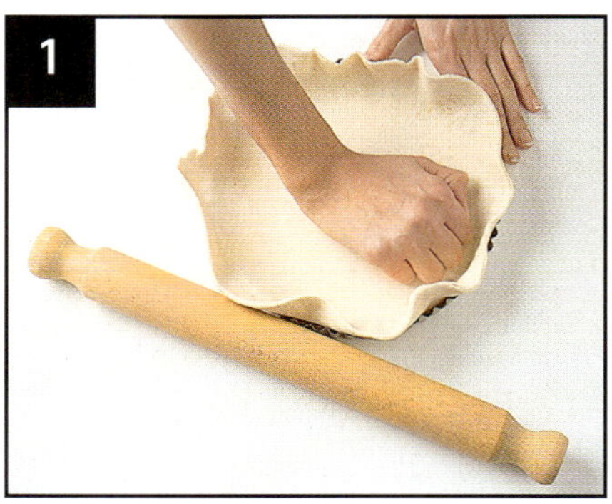
1

2

6

Zwiebel-Sellerie-Torteletts

Diese mit Sellerie und Zwiebeln gefüllten Törtchen schmecken so köstlich, dass man am besten gleich die doppelte Menge zubereitet.

Für 12 Stück

ZUTATEN

FÜR DIE FÜLLUNG:
50 g Butter
150 g fein gehackter Sellerie
2 durchgepresste Knoblauchzehen
1 fein gehackte Zwiebel
1 EL Weizenmehl Type 405
50 ml Milch
Salz
1 Prise Cayennepfeffer

FÜR DEN TEIG:
150 g Weizenmehl Type 405
1/2 TL Salz
1 EL in kleine Stücke geschnittene Butter
1 EL geriebener würziger Hartkäse
ca. 4 EL Wasser

1 Die Butter zerlassen. Sellerie, Knoblauch sowie Zwiebel hinzufügen, 5 Minuten anbraten.

2 Die Hitze reduzieren und erst das Mehl, dann die Milch unterrühren. Das Ganze köchelnd unter Rühren eindicken lassen.

3 Mit Salz sowie Cayennepfeffer würzen, abkühlen lassen.

4 Für den Teig das Mehl und das Salz in eine Schüssel sieben und die Butter mit den Fingern darunter bröseln. Den Käse zusammen mit dem kalten Wasser in die Mischung rühren und alles zu einem Teig verarbeiten.

5 Drei Viertel des Teigs ausrollen. Mit einem Ausstecher (5 cm Ø) 12 Scheiben aus dem Teig stechen. Damit ein Muffinblech oder Pastetchenformen auslegen.

6 Die Füllung auf die Teigscheiben verteilen. Den übrigen Teig ausrollen und mit einer Ausstechform (5 cm Ø) 12 weitere Scheiben ausstechen. Diese auf die Füllung legen und die Ränder gut andrücken. Oben jeweils einen Schlitz anbringen und alles 30 Minuten ruhen lassen.

7 Die Torteletts im vorgeheizten Ofen bei 220 °C (Gas: Stufe 4) 15 bis 20 Minuten backen. Etwa 10 Minuten im Blech oder den Förmchen abkühlen lassen. Warm servieren.

Spargeltarte mit Ziegenkäse

Frischen Spargel erhält man durch Importe fast das ganze Jahr über, sodass man diese schmackhafte Tarte zubereiten kann, wann immer man will.

Für 6 Personen

ZUTATEN

250 g fertiger Blätterteig
250 g grüner Spargel
1 EL Pflanzenöl
1 fein gehackte rote Zwiebel
1 EL gehackte Haselnusskerne
200 g Ziegenkäse
2 verquirlte frische Eier
4 EL süße Sahne
Salz
Pfeffer (aus der Mühle)

1 Den Blätterteig auf einer bemehlten Fläche ausrollen und damit eine Quicheform (ca. 24 cm Ø) auslegen. Mit einer Gabel Löcher in den Teig stechen und ihn anschließend 30 Minuten im Kühlschrank ruhen lassen.

2 Den Teig mit Alufolie bedecken; darauf Ausbackbohnen legen. Im vorgeheizten Ofen bei 200 °C (Gas: Stufe 3) ca. 15 Minuten blind backen.

3 Die Folie sowie die Bohnenkerne entfernen und den Teig weitere 15 Minuten backen.

4 Den Spargel 2 bis 3 Minuten in kochendem Wasser blanchieren und abtropfen lassen. In mundgerechte Stücke schneiden.

5 Das Öl in einer kleinen Pfanne erhitzen und die Zwiebel goldbraun anbraten. Dann den Spargel, die Zwiebel und die Haselnüsse auf den Teigboden geben.

6 Den Käse, die Eier und die Sahne schaumig schlagen oder im Mixer verquirlen. Gut mit Salz sowie Pfeffer würzen und die Mischung über die Füllung der Tarte geben.

7 Im Ofen 15 bis 20 Minuten backen, bis die Füllung fest ist. Nach Belieben warm oder kalt servieren.

VARIATION

Man kann die Haselnüsse weglassen und dafür Parmesan über die Tarte streuen, bevor man sie in den Ofen gibt.

Zwiebelkuchen

Bei diesem Rezept wird Mürbeteig mit Zwiebeln sowie Käse belegt und zu einem Kuchen gebacken, der auf der Zunge zergeht.

Für 6 Personen

ZUTATEN

250 g fertiger Mürbeteig
50 g Butter
100 g gehackter geräucherter Schinken
750 g enthäutete und in dünne Ringe geschnittene Zwiebeln
2 verquirlte frische Eier
50 g geriebener Parmesan
1 TL getrockneter Salbei
Salz
Pfeffer (aus der Mühle)

1 Den Mürbeteig auf einer leicht bemehlten Arbeitsfläche zu einem runden Fladen ausrollen und damit eine Quicheform von etwa 24 cm Ø auslegen.

2 In den Teig Löcher stechen, ihn 30 Minuten ruhen lassen.

3 Die Butter in einem Topf erhitzen. Den Schinken sowie die Zwiebelringe dazugeben und alles auf niedriger Stufe etwa 25 Minuten dünsten. Falls die Zwiebelringe anfangen sollten, braun zu werden, 1 EL Wasser in den Topf geben.

4 Die verquirlten Eier zu der Mischung geben und den Käse sowie den Salbei unterrühren. Mit Salz und Pfeffer abschmecken.

5 Die Zwiebelmischung löffelweise auf den vorbereiteten Mürbeteigboden geben.

6 Den Kuchen im vorgeheizten Ofen bei 180 °C (Gas: Stufe 2) 20 bis 30 Minuten backen, bis er gerade eben fest wird.

7 Ihn noch in der Form etwas abkühlen lassen und dann warm oder kalt servieren.

VARIATION

Vegetarier nehmen statt des Schinkens einfach dieselbe Menge gehackte Pilze.

Pissaladière

Die Pissaladière ähnelt einer italienischen Pizza, wird allerdings anders als diese mit Mürbeteig zubereitet.

Für 8 Personen

ZUTATEN

4 EL kaltgepresstes Olivenöl
700 g in dünne Ringe geschnittene rote Zwiebeln
2 durchgepresste Knoblauchzehen
2 TL Feinzucker
2 EL Rotweinessig
Salz
Pfeffer (aus der Mühle)
350 g fertiger Mürbeteig

FÜR DEN BELAG:
2 x 50 g Anchovisfilets
12 entkernte grüne Oliven
1 TL getrockneter Majoran

1 Eine Rehrückenform leicht ausfetten. Das Olivenöl in einem großen Topf erhitzen. Die Zwiebeln sowie den Knoblauch hinzufügen und bei geringer Hitze etwa 30 Minuten dünsten; dabei gelegentlich umrühren.

2 Den Zucker sowie den Essig hinzufügen und mit reichlich Salz sowie Pfeffer würzen.

3 Auf einer leicht bemehlten Arbeitsfläche den Mürbeteig zu einem Rechteck von etwa 20 x 35 cm ausrollen. Damit das Blech auslegen und besonders an den Rändern gut andrücken.

4 Die Zwiebelmischung auf dem Teig verteilen.

5 Die Anchovis sowie die Oliven darauf arrangieren und den Majoran darüber streuen.

6 Die Pissaladière im vorgeheizten Ofen bei 220 °C (Gas: Stufe 4) 20 bis 25 Minuten backen, bis sie leicht goldbraun ist. Man serviert sie heiß direkt aus dem Ofen.

VARIATION

Für einen Partysnack teilt man die Pissaladière in Rechtecke oder Dreiecke.

Käse-Zwiebel-Küchlein

Diese schmackhaften Torteletts eignen sich besonders gut für Buffets oder andere Gelegenheiten, zu denen Sie Gäste erwarten.

Für 12 Personen

ZUTATEN

FÜR DEN TEIG:
100 g Weizenmehl Type 405
1 Msp. Salz
75 g in kleine Stücke geschnittene Butter
ca. 2 EL Wasser

FÜR DIE FÜLLUNG:
1 verquirltes frisches Ei
100 g süße Sahne
50 g geriebener würziger Hartkäse
3 fein gehackte Frühlingszwiebeln oder Schalotten

Salz
Cayennepfeffer

1 Das Mehl zusammen mit dem Salz in eine Schüssel sieben. Die Butter darunter kneten, bis alles eine bröselige Masse ergibt. Das Wasser dazugeben und alles zu einem Teig verrühren.

2 Den Teig auf einer leicht bemehlten Arbeitsfläche ausrollen. Mit einer runden Ausstechform von etwa 7 cm Ø 12 kleine Fladen ausstechen und damit ein Muffinblech oder Tortenförmchen auslegen.

3 Für die Füllung das verquirlte Ei, die Sahne, den Käse und die Zwiebeln in einem Messbecher verquirlen. Nach Belieben mit Salz und Cayennepfeffer abschmecken.

4 Die Füllung gleichmäßig auf dem Teig verteilen und alles im vorgeheizten Ofen bei 180 °C (Gas: Stufe 2) etwa 20 bis 25 Minuten backen, bis die Füllung fest wird. Man kann die Käse-Zwiebel-Küchlein entweder warm oder kalt servieren.

VARIATION

Man kann jedes der Küchlein vor dem Backen auch noch mit einer Tomatenscheibe belegen.

TIPP

Noch schneller geht es, wenn Sie 175 g fertigen Mürbeteig verwenden, anstatt den Teig selber herzustellen.

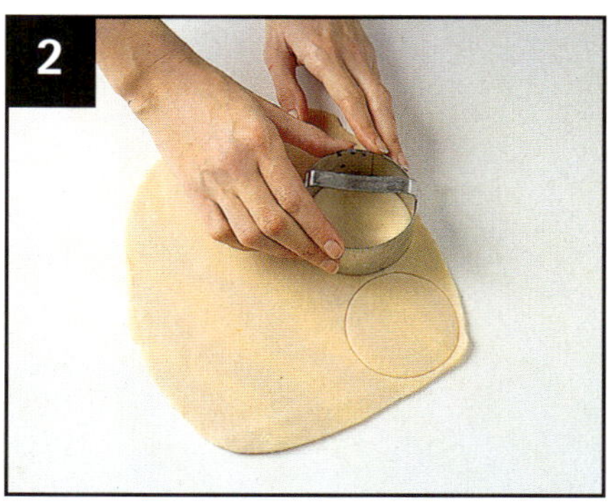

Gefüllte Schinken-Käse-Taschen

Man kann die gefüllten Blätterteigtaschen warm oder kalt servieren. Zusammen mit einem Salat eignen sie sich ausgezeichnet für ein Picknick.

Für 6 Stück

ZUTATEN

250 g fertiger Blätterteig
50 g fein gehackter Schinken
150 g vollfetter Frischkäse
2 EL gehackter Schnittlauch
Pfeffer (aus der Mühle)
1 verquirltes frisches Ei
2 EL frisch geriebener Parmesan

1 Den Blätterteig auf einer bemehlten Arbeitsfläche dünn ausrollen und in 12 Rechtecke von etwa 5 x 5 cm schneiden.

2 Die Teigstücke auf 2 vorher ausgefettete Backbleche legen und sie dann ca. 30 Minuten im Kühlschrank ruhen lassen.

3 In der Zwischenzeit den Schinken, den Käse und den Schnittlauch in einer Schüssel vermischen. Nach Belieben mit Pfeffer würzen.

4 Die Schinken-Käse-Mischung auf der Mitte von 6 der Teigstücke verstreichen; dabei auf allen Seiten einen Rand von etwa 3 cm Breite freilassen. Die Ränder mit dem verquirlten Ei bepinseln.

5 Die übrigen 6 Teigstücke der Länge nach zusammenfalten und am Falz bis zur Mitte hin Schnitte in den Teig setzen.

6 Die Rechtecke wieder auseinanderfalten und auf die mit der Schinken-Käse-Mischung bestrichenen Teigstücke legen. Die Ränder fest zusammendrücken, sodass die Taschen gut verschlossen sind, und diese dann mit dem Parmesan bestreuen. Die Taschen im vorgeheizten Ofen bei 180 °C (Gas: Stufe 2) 15 bis 20 Minuten backen. Heiß oder kalt servieren.

TIPP

Die Taschen im Voraus zubereiten, noch ungebacken einfrieren und bei Bedarf schnell aufbacken.

Vegetarisch backen

Vegetarische Gerichte sind mehr als nur ein Ersatz für fleischhaltige Speisen. Sie schmecken vielmehr ausgezeichnet und haben ihren eigenen Reiz. Die Vielfalt der Rezepte in diesem Kapitel wird es Vegetariern und Veganern erlauben, sich solche auszusuchen, die ihren individuellen Bedürfnissen und geschmacklichen Neigungen optimal entgegenkommen. Viele der Rezepte stellen interessante Varianten altbekannter Klassiker dar, etwa der gestürzte Ananaskuchen, der Obstauflauf mit Streuseln oder die Dattel-Aprikosen-Tarte.

Die meisten Supermärkte und Reformhäuser halten inzwischen eine Vielzahl von Produkten für Vegetarier bereit. Es lohnt sich, sie auszuprobieren, bis man für sich das Richtige gefunden hat. Zu den für die vegetarische Küche bedeutsamen Produkten gehören unter anderem Sojamilch sowie spezielle Backfette, die sich besonders gut für Teige und zum Ausbacken eignen.

Tofu ist ein vielseitiges, weißliches, quarkähnliches Produkt, das aus Sojabohnen hergestellt wird und einen hohen Protein- sowie niedrigen Cholesterinanteil aufweist. Er eignet sich sowohl für süße als auch für pikante Gerichte.

Currytaschen

Dieses bei Veganern beliebte Gebäck wird mit Mischgemüse sowie Gewürzen gefüllt und kann warm oder kalt verzehrt werden.

Für 4 Personen

ZUTATEN

- 250 g Vollkornweizenmehl
- 100 g in kleine Stücke geschnittene Pflanzenmargarine
- 4 EL Wasser
- 2 EL Pflanzenöl
- 250 g gewürfeltes Wurzelgemüse (Kartoffeln, Möhren, Pastinaken)
- 1 kleine gehackte Zwiebel
- 2 fein gehackte Knoblauchzehen
- 1/2 TL Currypulver
- 1/2 TL Kurkumapulver
- 1/2 TL Kreuzkümmelpulver
- 1/2 TL Kräutersenf
- 5 EL Brühe
- Sojamilch zum Bepinseln

1 Das Mehl und die Margarine vermengen, bis eine bröselige Masse entsteht. Das Wasser darunter rühren und alles zu einem weichen Teig verarbeiten. Einwickeln und 30 Minuten kühl stellen.

2 Das Öl erhitzen. Das Wurzelgemüse, die Zwiebel sowie den Knoblauch zugeben und alles 2 Minuten dünsten. Dann die Gewürze hinzufügen und so verrühren, dass das Gemüse mit den Gewürzen überzogen ist. Alles 1 weitere Minute garen.

3 Die Brühe dazugeben, aufkochen und zugedeckt etwa 20 Minuten köcheln lassen, bis das Gemüse weich und die Flüssigkeit aufgesogen ist; dabei gelegentlich umrühren. Abkühlen lassen.

4 Den Teig in 4 Portionen teilen und jede zu einem runden Fladen von ca. 15 cm Ø ausrollen. Die Füllung jeweils auf eine Seite jedes Fladens verteilen.

5 Die Fladenränder mit Sojamilch bepinseln, dann den Teig zusammenfalten und die Ränder zusammenpressen, sodass die Taschen gut verschlossen sind. Die Fladen auf ein mit Backpapier ausgelegtes Backblech legen und im vorgeheizten Ofen bei 200 °C (Gas: Stufe 3) 25 bis 30 Minuten lang goldbraun backen.

TIPP

Die Gemüsefüllung kann man im Voraus zubereiten und zunächst im Kühlschrank aufbewahren.

Paranusspastete mit Pilzen

Ihr besonderes Aroma verleihen dieser veganischen Pastete vor allem die jungen Champignons. Sie kann eingefroren und unaufgetaut gebacken werden.

Für 4–6 Personen

ZUTATEN

FÜR DEN TEIG:
250 g Weizenvollkornmehl
100 g in kleine Stücke geschnittene Pflanzenmargarine
4 EL Wasser
Sojamilch zum Glasieren

FÜR DIE FÜLLUNG:
2 EL Pflanzenmargarine
1 gehackte Zwiebel
1 fein gehackte Knoblauchzehe
150 g in Scheiben geschnittene junge Champignons
1 EL Weizenmehl Type 405
150 ml Gemüsebrühe
1 EL Tomatenmark
175 g gehackte Paranüsse
75 g Vollkornsemmelbrösel
2 EL fein gehackte Petersilie
1/2 TL Pfeffer (aus der Mühle)

1 Das Mehl und die Margarine vermengen, bis eine bröselige Masse entsteht. Das Wasser dazugeben und alles zu einem Teig verrühren. Ihn einwickeln und ungefähr 30 Minuten kühl stellen.

2 Die Hälfte der Margarine zerlassen. Darin Zwiebel, Knoblauch sowie Champignons 5 Minuten dünsten, bis alles weich ist. Das Mehl hinzufügen und 1 weitere Minute unter häufigem Rühren garen. Nach und nach die Brühe hinzufügen und dabei umrühren, bis die Sauce glatt wird und einzudicken beginnt. Das Tomatenmark, die Paranüsse, die Semmelbrösel, die Petersilie und den Pfeffer unterrühren. Ein wenig abkühlen lassen.

3 Auf einer leicht bemehlten Arbeitsfläche zwei Drittel des Teigs ausrollen und damit eine Quicheform von ca. 20 cm Ø oder eine Auflaufform auslegen. Die Füllung auf den Teig geben. Den Rand des Teiges mit Sojamilch bepinseln. Den übrigen Teig zu einem runden Fladen ausrollen, der groß genug ist, um die Pastete zuzudecken. Die Ränder zusammendrücken und fest verschließen. Im Deckel einen Schlitz anbringen und alles mit Sojamilch bepinseln.

4 Im vorgeheizten Ofen bei 200 °C (Gas: Stufe 3) in 30 bis 40 Minuten goldbraun backen.

2

2

2

Linsen-Paprika-Kuchen

Dieser schmackhafte Kuchen ist mit Linsen und roten Paprikaschoten gedeckt. Der Boden wird mit Vollkornmehl zubereitet.

Für 6–8 Personen

ZUTATEN

FÜR DEN TEIG:
- 250 g Vollkornweizenmehl
- 100 g in kleine Stücke geschnittene Pflanzenmargarine
- 4 EL Wasser

FÜR DIE FÜLLUNG:
- 200 g gut verlesene rote Linsen
- 300 ml Gemüsebrühe
- 1 EL Pflanzenmargarine
- 1 gehackte Zwiebel
- 2 entkernte und gewürfelte rote Paprikaschoten
- 1 TL Hefeextrakt
- 1 EL Tomatenmark
- 3 EL gehackte Petersilie
- Pfeffer (aus der Mühle)

1 Das Mehl und die Margarine miteinander vermengen, bis das Ganze eine bröselige Masse ergibt. Das Wasser dazugeben und alles zu einem Teig verrühren. Ihn einwickeln und ca. 30 Minuten kühl stellen.

2 Inzwischen die Füllung vorbereiten. Dazu die Linsen zusammen mit der Brühe in einen Topf geben, aufkochen und dann 10 Minuten köcheln lassen, bis die Linsen weich gekocht sind. Sie zu einem Püree stampfen.

3 Die Margarine in einer Pfanne zerlassen, die Zwiebel sowie die Paprikaschote dazugeben und weich dünsten.

4 Die pürierten Linsen, den Hefeextrakt, das Tomatenmark und die Petersilie hinzufügen. Mit Pfeffer würzen und alles gut vermischen.

5 Den Teig auf einer leicht bemehlten Arbeitsfläche ausrollen und damit eine Quicheform von ca. 24 cm Ø auslegen. Mit einer Gabel kleine Löcher in den Teig stechen und dann die Linsenmischung darauf geben. Den Kuchen im vorgeheizten Ofen bei 200 °C (Gas: Stufe 3) ca. 30 Minuten backen, bis die Füllung fest ist.

VARIATION

Man kann, wenn man es noch bunter mag, in Schritt 4 Maiskörner hinzufügen.

Knoblauch-Salbei-Ring

Dieses Brot passt frisch zubereitet ideal zu Salaten aller Art. Veganer lieben es.

Für 4–6 Personen

ZUTATEN

Butter für das Blech
250 g Roggenmehl Type 997
1 Pck. Trockenbackhefe
3 EL gehackter Salbei
2 TL Meersalz
3 fein gehackte Knoblauchzehen
1 TL Honig
150 ml lauwarmes Wasser

1 Ein Backblech gut ausfetten. Das Mehl in eine große Schüssel sieben und die ausgesiebten Hülsen ebenfalls dazumischen.

2 Hefe, Salbei und die Hälfte vom Salz untermischen. 1 TL Knoblauch zum Bestreuen beiseite stellen und den Rest unter das Mehl mischen. Den Honig zusammen mit dem Wasser hinzufügen und zu einem Teig verrühren.

3 Den Teig auf eine leicht bemehlte Arbeitsfläche geben und etwa 5 Minuten durchkneten (oder in einer Küchenmaschine mit einem Knethaken).

4 Den Teig in eine gefettete Schüssel geben, zudecken und an einem warmen Ort auf die doppelte Größe aufgehen lassen.

5 Den Teig erneut einige Minuten kneten, zu einem Ring formen (siehe TIPP) und auf das Backblech legen.

6 Zudecken und weitere 30 Minuten an einem warmen Ort gehen lassen. Mit übrigem Salz und Knoblauch bestreuen. Den Ring im vorgeheizten Ofen bei 200 °C (Gas: Stufe 3) 25 bis 30 Minuten backen. Auf einem Kuchengitter abkühlen lassen und servieren.

TIPP

Den Teig zunächst zu einer langen Wulst rollen und dann daraus einen Ring formen.

VARIATION

Wer es weniger salzig mag, lässt das Bestreuen mit Meersalz weg.

3

5

6

Aprikosenschnitten

Diese rein pflanzlichen Schnitten eignen sich besonders gut als Pausenbrot für Kinder, denn sie schmecken ausgezeichnet und sind gesund.

Für 12 Stück

ZUTATEN

FÜR DEN TEIG:
- Butter für die Form
- 250 g Vollkornweizenmehl
- 50 g fein gemahlene gemischte Nüsse
- 100 g in kleine Stücke geschnittene Pflanzenmargarine
- 4 EL Wasser
- Sojamilch zum Bepinseln

FÜR DIE FÜLLUNG:
- 250 g getrocknete Aprikosen
- abgeriebene Schale von 1 unbehandelten Orange
- 300 ml Apfelsaft
- 1 TL Zimtpulver
- 50 g ungeschwefelte Rosinen

1 Eine quadratische Backform ausfetten. Das Mehl sowie die Nussmischung mit der Margarine vermengen, bis eine bröselige Masse entsteht. Das Wasser dazugeben und alles zu einem Teig verrühren. Ihn einwickeln und 30 Minuten kühl stellen.

2 Aprikosen, Orangenschale sowie Apfelsaft aufkochen, dann 30 Minuten köcheln lassen, bis die Aprikosen breiig werden. Etwas abkühlen lassen und dann alles zu einem Brei verarbeiten. Den Zimt und die Rosinen unterrühren.

3 Den Teig in zwei Hälften teilen, eine Hälfte ausrollen und damit den Boden der Backform auslegen. Den Aprikosenbrei darauf verstreichen und die Ränder des Teiges mit Wasser bepinseln. Den übrigen Teig so ausrollen, dass er groß genug ist, um den Aprikosenbrei zuzudecken. Die Ränder andrücken, sodass sie gut abschließen.

4 Kleine Löcher in die Oberseite des Teiges stechen und ihn mit der Sojamilch bepinseln. Den Kuchen im vorgeheizten Ofen bei 200 °C (Gas: Stufe 3) 20 bis 25 Minuten goldbraun backen, abkühlen lassen und dann in 12 Schnitten teilen. Am besten warm servieren.

TIPP

Die Schnitten halten sich in einem luftdichten Behälter 3 bis 4 Tage.

Käsekuchen mit Tofu

Dieser Käsekuchen ist von weicher cremiger Beschaffenheit, enthält aber keinerlei Milchprodukte.

Für 6 Personen

ZUTATEN

Butter für die Form
150 g zerkrümelte Vollkornkekse
50 g zerlassene Pflanzenmargarine
50 g entkernte und gehackte Datteln
4 EL Zitronensaft
abgeriebene Schale von
1 unbehandelten Zitrone
3 EL Wasser
350 g fester Tofu
150 ml Apfelsaft
1 zerdrückte Banane
1 TL Vanillearoma
1 enthäutete und gehackte Mango

1 Eine Springform von etwa 18 cm Ø leicht ausfetten.

2 Die zerkrümelten Kekse und die zerlassene Margarine in einer Schüssel vermengen. Die Mischung dann auf den Boden der Springform streichen und gut andrücken.

3 Die Datteln, den Zitronensaft, die Zitronenschale sowie das Wasser zum Kochen bringen.
5 Minuten köcheln lassen, bis die Datteln weich sind, und sie dann mit einer Gabel grob zerdrücken.

4 Die Mischung zusammen mit dem Tofu, dem Apfelsaft, der Banane und dem Vanillearoma in einen Mixer oder in eine Küchenmaschine geben und alles sorgfältig zu einem dicken weichen Brei verarbeiten.

5 Den Tofubrei auf den Teigboden geben. Den Kuchen im vorgeheizten Ofen bei 180 °C (Gas: Stufe 2) 30 bis 40 Minuten goldbraun backen. Zuerst in der Form etwas abkühlen lassen und direkt vor dem Verzehr in den Kühlschrank stellen.

6 Die Mango in einem Mixer oder mit einem Rührstab pürieren und als Sauce zu dem ausgekühlten Kuchen reichen.

VARIATION

Man kann statt des festen auch etwas weicheren Tofu verwenden. Die Backzeit verlängert sich dadurch auf etwa 50 Minuten.

2

3

4

Gestürzter Ananaskuchen

Dieses klassische Rezept ist den Bedürfnissen von Veganern angepasst, indem Butter und Eier durch pflanzliche Margarine und Öl ersetzt wurden.

Für 6 Personen

ZUTATEN

Butter für die Form
500 g abgetropfte ungesüßte Ananasstücke (den Saft auffangen)
4 TL Speisestärke
50 g feiner brauner Zucker
50 g in kleine Stücke geschnittene Pflanzenmargarine
125 ml Wasser
abgeriebene Schale von 1 unbehandelten Zitrone

FÜR DEN TEIG:
50 ml Sonnenblumenöl
75 g feiner brauner Zucker
150 ml Wasser
150 g Weizenmehl Type 405
2 TL Backpulver
1 TL Zimtpulver

1 Eine Springform von 18 cm Ø ausfetten. Ananassaft und Stärke zu einem Brei vermischen. Diesen zusammen mit Zucker, Margarine und Wasser miteinander verrühren, bis sich der Zucker aufgelöst hat. Aufkochen und 2 bis 3 Minuten köcheln lassen, bis das Ganze eingedickt ist. Etwas abkühlen lassen.

2 Für den Teig das Öl, den Zucker und das Wasser in einen Topf geben. Erhitzen, bis sich der Zucker aufgelöst hat. Nicht aufkochen lassen! Vom Herd nehmen und abkühlen lassen. Das Mehl, das Backpulver und den Zimt in eine Schüssel sieben. Das abgekühlte Zuckerwasser darüber geben, alles zu einem Teig verrühren.

3 Die Ananasstücke und die Zitronenschale auf den Boden der Form geben und 4 EL abgekühlten Ananassirup darauf verteilen. Dann den Teig darüber geben.

4 Den Kuchen im vorgeheizten Ofen bei 180 °C (Gas: Stufe 2) 35 bis 40 Minuten backen, bis er fest ist (Stäbchenprobe machen!). Den Kuchen in der Form auf einen Teller stürzen; diese nach 5 Minuten entfernen. Mit dem übrigen Sirup servieren.

VARIATION

Man kann noch 1 EL Sultaninen zu den Ananasstücken geben.

2

3

3

Dattel-Aprikosen-Tarte

Für den Belag dieser Tarte aus rein pflanzlichen Zutaten benötigt man keinen Zucker, da die verwendeten Früchte von Natur aus süß sind.

Für 6–8 Personen

ZUTATEN

250 g Weizenvollkornmehl
50 g gemahlene gemischte Nüsse
100 g in kleine Stücke geschnittene Pflanzenmargarine
4 EL Wasser
250 g gehackte getrocknete Aprikosen
250 g entkernte und gehackte Datteln
450 ml Apfelsaft
1 TL Zimtpulver
abgeriebene Schale von 1 unbehandelten Zitrone

1 Das Mehl und die gemahlenen Nüsse mit der Margarine vermengen, bis sich eine bröselige Masse ergibt. Das Wasser dazugeben und alles zu einem Teig verrühren. Diesen einwickeln und 30 Minuten kühl stellen.

2 Inzwischen die Aprikosen und die Datteln zusammen mit dem Apfelsaft, dem Zimt und der Zitronenschale in einen Topf geben und zum Kochen bringen. Zudecken und 15 Minuten köcheln lassen, bis die Früchte weich sind, und sie zu einem Brei verarbeiten.

3 Etwas Teig zum Dekorieren beiseite tun. Auf einer leicht bemehlten Arbeitsfläche den übrigen Teig zu einem runden Fladen ausrollen und damit eine Quicheform von ca. 23 cm Ø auslegen. Rundum gut andrücken.

4 Den Boden mit der Früchtemischung belegen. Den beiseite gelegten Teig ausrollen und in Streifen von etwa 1 cm Breite schneiden. Die Streifen auf die passende Länge kürzen, verdrehen (siehe Abbildung) und damit auf der Fruchtfüllung ein Gittermuster auslegen. Die Enden der Streifen mit Wasser bepinseln und dann fest an den Rand des Tartebodens drücken.

5 Die Tarte im vorgeheizten Ofen bei 200 °C (Gas: Stufe 3) 25 bis 30 Minuten goldbraun backen. In Stücke schneiden und servieren.

2

4

4

Obstauflauf mit Streuseln

Dieser Auflauf enthält keinerlei tierische Produkte.
Man kann dazu der jeweiligen Jahreszeit entsprechendes frisches Obst verwenden.

Für 6 Personen

ZUTATEN

Butter für die Form
6 geschälte, vom Kerngehäuse befreite und geviertelte Birnen
1 EL gehackte Ingwerwurzel
1 EL dunkler Rohzucker
2 EL Orangensaft

FÜR DIE STREUSEL:
200 g Weizenmehl Type 405
100 g in kleine Stücke geschnittene Pflanzenmargarine
1 EL Mandelplättchen
1 EL Haferflocken
50 g dunkler Rohzucker

1 Eine feuerfeste Auflaufform von 1 Liter Inhalt leicht ausfetten.

2 Die Birnen, die Ingwerwurzel, den Zucker und den Orangensaft vermischen. Die Mischung in die vorbereitete Form geben.

3 Für die Streusel das Mehl in eine Schüssel sieben. Die Margarine mit den Fingern darunter kneten, bis das Ganze eine bröselige Masse ergibt. Dann die Mandelplättchen, die Haferflocken sowie den dunklen Rohzucker dazugeben und alles gut miteinander vermengen.

4 Die Streuselmischung gleichmäßig über das Obst in der Auflaufform streuen.

5 Das Ganze im vorgeheizten Ofen bei 200 °C (Gas: Stufe 3) etwa 30 Minuten backen, bis die Streusel goldbraun sind und das Obst weich ist.

VARIATION

Wenn der Auflauf noch aromatischer werden soll, mischen Sie in Schritt 3 etwas Kräutermischung (Pulver) dazu.

2

3

4

Biskuitkuchen ohne Ei

Das ist die passende Variante des klassischen Biskuitkuchens für alle, die konsequent auf tierische Lebensmittel verzichten wollen.

Für 1 Kuchen

ZUTATEN

Butter für die Formen
250 g Vollkornweizenmehl
1/2 Pck. Trockenbackhefe
2 TL Backpulver
200 g Feinzucker
6 EL Sonnenblumenöl
250 ml Wasser
1 TL Vanillearoma
4 EL zuckerarme Erdbeer- oder Himbeermarmelade
Feinzucker zum Bestreuen

1 Zwei Springformen (20 cm Ø) ausfetten und ihre Böden mit Backpapier auslegen.

2 Das Mehl und das Backpulver in eine Schüssel sieben; die Hefe und die ausgesiebten Hülsen darin vermengen. Dann den Zucker unterrühren.

3 Das Sonnenblumenöl, das Wasser sowie das Vanillearoma dazugeben und alles etwa 1 Minute lang mit einem Holzlöffel gut verrühren, bis schließlich ein Teig von weicher Beschaffenheit entsteht.

4 Die Mischung zu gleichen Teilen auf die beiden Springformen verteilen.

5 Die Teige im vorgeheizten Ofen bei 180 °C (Gas: Stufe 2) 25 bis 30 Minuten backen, bis sie aufgegangen sind. Zunächst in den Formen etwas abkühlen lassen, dann auf ein Kuchengitter stürzen.

6 Das Backpapier entfernen und einen der Biskuitböden auf einen Servierteller geben. Mit der Marmelade bestreichen und den anderen Biskuitboden darauf legen. Mit etwas Zucker bestreuen.

VARIATION

Sie können statt des Öls auch zerlassene pflanzliche Margarine oder Butter verwenden. Lassen Sie sie abkühlen, ehe Sie sie in Schritt 3 zu den anderen Zutaten geben.

3

3

4

Kuchen

Es gibt wohl nur wenige Dinge, die sich so gut ergänzen wie Kaffee und Kuchen. Viele der Vorschläge, die Sie in diesem Kapitel kennenlernen, sind überraschende Varianten von altbekannten Kuchenrezepten.

Überdies werden Sie Rezepte für vielfältige Geschmacksrichtungen und für alle möglichen Anlässe entdecken, die mal aufwendiger oder mal schneller auszuführen sind, zum Beispiel kleinere Kuchen wie Ingwer- und Möhrenschnitten oder Aprikosen-Schokoladen-Schnitten. Diese Kuchen sind leichter zuzubereiten als größere, und man kann sie außerdem nicht nur zum Kaffee reichen, sondern Kindern auch als Pausenbrot mitgeben.

Andere Kuchen, wie zum Beispiel Mandelstreusel- oder Zitronensirup-Kuchen, sind, wenn man Backpulver verwendet, sehr schnell zubereitet und gehen schön auf.

Für manche Kuchen wiederum benötigt man besondere Zutaten, damit sie das „gewisse Extra“ erhalten. Versuchen Sie einmal den Frucht-Nuss-Kuchen mit Olivenöl, den Kuchen mit kandierten Früchten oder den Mandel-Streuselkuchen.

Frucht-Nuss-Kuchen mit Olivenöl

Bei diesem Kuchen kommt es vor allem darauf an, reichlich sehr gutes Olivenöl zu verwenden, da dieses ganz wesentlich seinen Geschmack bestimmt.

Für 8 Personen

ZUTATEN

Butter für das Blech
250 g Weizenmehl Type 405
50 g Feinzucker
1/2 Pck. Trockenbackhefe

125 ml Milch
4 EL Orangensaft
150 ml kaltgepresstes Olivenöl

100 g gehacktes gemischtes Trockenobst
1 EL Pinienkerne

1 Ein rundes Backblech von ca. 18 cm Ø ausfetten und mit Backpapier auslegen.

2 Das Mehl in eine Schüssel sieben, den Zucker sowie die Hefe dazugeben und verrühren.

3 In die Mitte eine Mulde drücken und die Milch sowie den Orangensaft hineingießen. Die Mischung mit einem Holzlöffel zu einem Teig verrühren.

4 Das Olivenöl dazugeben und gut verrühren, sodass alle Zutaten gut vermischt sind.

5 Das Trockenobst sowie die Pinienkerne unter die Mischung rühren und alles auf das Blech geben.

6 Den Kuchen im vorgeheizten Ofen bei 180 °C (Gas: Stufe 2) etwa 45 Minuten backen, bis er goldbraun und fest ist.

7 Den Kuchen zum Abkühlen einige Minuten im Blech lassen und zum Auskühlen auf ein Kuchengitter setzen.

8 Den Kuchen warm oder kalt in Scheiben servieren.

TIPP

Pinienkerne kennt man vor allem als Bestandteil des italienischen Pesto. In unserem Rezept verleihen sie dem Kuchen einen zarten, leicht harzigen Geschmack.

Schokoladen-Birnen-Kuchen

Was könnte besser schmecken als die Mischung aus Schokolade und Birne, die für diesen leicht feuchten Kuchen verwendet wird?

Für 6 Personen

ZUTATEN

Butter für die Form
00 g weiche Butter
200 g feiner brauner Zucker
3 verquirlte frische Eier

200 g Weizenmehl Type 405
1 EL Kakaopulver
1/2 Pck. Trockenbackhefe
2 EL Milch

2 kleine geschälte, vom Kerngehäuse befreite und in Spalten geschnittene Birnen

1 Eine Springform von etwa 23 cm Ø gut ausfetten und den Boden mit Backpapier auslegen.

2 In einer Schüssel die Butter und den Zucker verquirlen, bis eine helle weiche Masse entsteht.

3 Nach und nach die Eier zugeben und jeweils gut verquirlen.

4 Das Mehl und das Kakaopulver in die Mischung sieben, die Hefe dazugeben und verrühren. Alle Zutaten zu einem Teig vermischen.

5 Die Milch einrühren. Die Mischung in die Springform geben und mit dem Rücken eines Messers glatt streichen.

6 Die Birnenspalten auf den Teig legen und dabei so anordnen, dass sich ein strahlenförmiges Muster ergibt.

7 Den Kuchen im vorgeheizten Ofen bei 180 °C (Gas: Stufe 2) etwa 1 Stunde backen, bis er aufgegangen und fest ist. Den Kuchen zum Abkühlen einige Minuten in der Form lassen und zum Auskühlen auf ein Kuchengitter setzen, bevor er serviert wird.

TIPP

Geschmolzene Schokolade vor dem Servieren über den Kuchen träufeln.

Sandkuchen

Das Rezept stammt aus Madeira und wird traditionell mit Kümmel zubereitet. Man kann ihn aber auch weglassen, wenn man ihn nicht so sehr schätzt.

Für 8 Personen

ZUTATEN

Butter für die Form
225 g weiche Butter
200 g feiner brauner Zucker
3 verquirlte frische Eier
400 g Weizenmehl Type 405
1 Pck. Trockenbackhefe
1 EL Kümmel
abgeriebene Zitronenschale
6 EL Milch
ca. 2 Streifen unbehandelte Zitronenschale

1 Eine 1-kg-Kastenform ausfetten und mit Backpapier auslegen.

2 Die Butter und den Zucker in einer Schüssel zu einer hellen cremigen Masse verquirlen.

3 Nach und nach die Eier hinzufügen und jeweils alles kräftig verquirlen.

4 Das Mehl in die Schüssel sieben. Die Hefe hinzufügen und alles gut verrühren.

5 Den Kümmel, die abgeriebene Zitronenschale sowie die Milch dazugeben und unterrühren, sodass alles gut vermischt ist. Die Mischung in die Kastenform geben und die Oberfläche glatt streichen.

6 Den Kuchen im vorgeheizten Ofen bei 160 °C (Gas: Stufe 1) etwa 20 Minuten backen.

7 Den Kuchen aus dem Ofen nehmen, die Zitronenschalenstreifen darauf legen und ihn für weitere 40 Minuten backen, bis er gut aufgegangen ist (Stäbchenprobe machen!).

8 Den Kuchen in der Form etwas abkühlen lassen, dann auf ein Kuchengitter stürzen und einige Zeit auskühlen lassen.

TIPP

Statt der Zitronenschalenstreifen können Sie in Schritt 7 auch Orangeat oder Zitronat verwenden.

Clementinenkuchen

Dieser Kuchen erhält seinen erfrischend fruchtigen Geschmack durch den Saft und die Schalen von köstlichen Clementinen.

Für 8 Personen

ZUTATEN

Butter für die Form
2 unbehandelte Clementinen
200 g weiche Butter
200 g Feinzucker
3 verquirlte frische Eier

250 g Weizenmehl Type 405
1/2 Pck. Trockenbackhefe
3 EL geriebene Mandeln
3 EL süße Sahne

ZUM GLASIEREN UND BESTREUEN:
6 EL frisch gepressten Clementinensaft
2 EL Feinzucker
3 zerbröckelte Zuckerwürfel

1 Eine runde Kuchenform von ca. 18 cm Ø ausfetten und den Boden mit Backpapier auslegen.

2 Die Clementinen schälen und die Schalen fein hacken. In einer Schüssel die Butter, den Zucker und die Clementinenschalen zu einer hellen lockeren Masse verquirlen.

3 Nach und nach die Eier hinzufügen und gut verquirlen.

4 Behutsam das Mehl unterheben und die Hefe sowie die Mandeln und die Sahne in der Masse verrühren. Die Mischung dann in die Kuchenform geben.

5 Den Teig im vorgeheizten Ofen bei 180 °C (Gas: Stufe 2) etwa 55 bis 60 Minuten backen, bis er aufgegangen ist (Stäbchenprobe machen!).

6 Inzwischen die Glasur vorbereiten. Dazu den Clementinensaft zusammen mit dem Zucker in einen kleinen Topf geben. Das Ganze zum Kochen bringen und dann 5 Minuten köcheln lassen.

7 Die Glasur auf den Kuchen pinseln und zum Schluss mit dem zerbröckelten Würfelzucker bestreuen.

TIPP

In Schritt 2 die Clementinenschalen zusammen mit dem Zucker in einem Mixer zerkleinern. Die Mischung anschließend mit der Butter in eine Schüssel geben und cremig schlagen.

2

4

7

Kuchen mit kandierten Früchten

Für diesen farbenfrohen Kuchen können Sie jede beliebige Mischung von kandierten Früchten verwenden.

Für 8 Personen

ZUTATEN

Butter für die Form
200 g weiche Butter
200 g Feinzucker
3 verquirlte frische Eier
200 g Weizenmehl Type 405
2 EL Reismehl
1/2 Pck. Trockenbackhefe
fein abgeriebene Schale von 1 unbehandelten Zitrone
4 EL frisch gepresster Zitronensaft
150 g gehackte kandierte Früchte
wahlweise Puderzucker zum Bestäuben

1 Eine runde Kuchenform von ca. 18 cm Ø leicht ausfetten und mit Backpapier auslegen.

2 In einer Schüssel die Butter und den Zucker zu einer hellen lockeren Masse verquirlen.

3 Nach und nach die Eier unterrühren. Mit einem Metalllöffel das Weizen- und das Reismehl sowie die Hefe einarbeiten.

4 Zitronenschale und -saft hinzufügen, dann die kandierten Früchte. Alles etwas vermischen.

5 Die Mischung in die Kuchenform geben und die Oberfläche mit einem Messerrücken glatt streichen.

6 Den Teig im vorgeheizten Ofen bei 180 °C (Gas: Stufe 2) etwa 60 bis 70 Minuten backen, bis er gut aufgegangen ist (Sie sollten unbedingt die Stäbchenprobe machen!).

7 Den Kuchen 5 Minuten in der Form abkühlen lassen, dann auf ein Kuchengitter stürzen und auskühlen lassen.

8 Den Kuchen eventuell zum Schluss noch gut mit Puderzucker bestäuben und servieren.

TIPP

Die kandierten Früchte gründlich abspülen und trockentupfen, ehe man sie klein hackt. Dadurch wird verhindert, dass sie auf den Boden des Kuchens sinken.

2

3

4

Aprikosen-Schokoladen-Schnitten

Für diese leckeren Schnitten verwendet man am besten weiße Schokolade.

Für 12 Stück

ZUTATEN

Butter für die Form
125 g Butter
175 g gehackte weiße Schokolade
4 frische Eier
125 g Feinzucker
200 g durchgesiebtes Weizenmehl Type 405
1 TL Backpulver
1 Prise Salz
100 g gehackte getrocknete Aprikosen

1 Eine quadratische Kuchenform von etwa 20 cm Seitenlänge leicht ausfetten und den Boden mit Backpapier auslegen.

2 Die Butter und die Schokolade in einer hitzefesten Schüssel über einem köchelnden Wasserbad zum Schmelzen bringen. Mit einem Holzlöffel häufig umrühren, bis eine weiche und glänzende Mischung entsteht. Etwas abkühlen lassen.

3 Eier und Zucker unter die Schoko-Butter-Mischung rühren, bis alles gut vermischt ist.

4 Mehl, Backpulver, Salz sowie Aprikosen unterrühren und alles gut vermischen.

5 Den Teig in die Form geben und im vorgeheizten Ofen bei 180 °C (Gas: Stufe 2) 25 bis 30 Minuten backen.

6 Den Kuchen nach der angegebenen Backzeit aus dem Ofen nehmen, auch wenn er in der Mitte noch etwas weich ist. (er verfestigt sich beim Abkühlen). Den Kuchen in der Form auskühlen lassen. Anschließend herausnehmen und in Riegel oder Quadrate schneiden.

VARIATION

Sie können auch Vollmilch- oder Zartbitterschokolade nehmen.

2

3

4

Knuspriger Früchtekuchen

Das Maismehl verleiht diesem Kuchen seine besondere Konsistenz und die verlockende goldgelbe Farbe.

Für 8–12 Personen

ZUTATEN

Butter für die Form
100 g weiche Butter
100 g Feinzucker
2 verquirlte frische Eier

100 g durchgesiebtes Weizenmehl Type 405
1/2 Pck. Trockenbackhefe
1 TL Backpulver
100 g Maismehl
250 g gemischtes Trockenobst

2 EL Pinienkerne
abgeriebene Schale von 1 unbehandelten Zitrone
4 EL frisch gepresster Zitronensaft
2 EL Milch

1 Eine runde Kuchenform von etwa 18 cm Ø ausfetten und mit Backpapier auslegen.

2 In einer Schüssel die Butter und den Zucker miteinander verquirlen, bis eine helle lockere Masse entsteht.

3 Nach und nach die Eier hinzufügen und gut verquirlen.

4 Das Mehl, die Hefe, das Backpulver sowie das Maismehl unter die Mischung heben und alles gut verrühren.

5 Das Trockenobst, die Pinienkerne, die abgeriebene Zitronenschale, den Zitronensaft und die Milch unterrühren.

6 Die Mischung in die Kuchenform geben und die Oberfläche glatt streichen.

7 Zum Schluss den Teig im vorgeheizten Ofen bei 180 °C (Gas: Stufe 2) etwa 1 Stunde backen (Sie sollten unbedingt die Stäbchenprobe machen!). Den Kuchen in der Form auskühlen lassen und dann servieren.

VARIATION

Für einen etwas krümeligeren Kuchen ersetzt man das Maismehl durch 150 g Weizenmehl sowie 1/2 Pck. Trockenbackhefe.

2

3

5

Schokoschnitten

Diese Schokoschnitten verdanken ihre feuchte Konsistenz der sauren Sahne, die unter den Teig gerührt wird.

Für 10–12 Personen

ZUTATEN

Butter für die Form
225 g Butter
100 g geraspelte Zartbitterschokolade
150 ml Wasser
300 g Weizenmehl Type 405
2 TL Backpulver
300 g feiner brauner Zucker
150 g saure Sahne
2 verquirlte frische Eier

FÜR DEN ÜBERZUG:
200 g Zartbitterschokolade
6 EL Wasser
3 EL süße Sahne
1 EL gekühlte Butter

1 Eine Backform von etwa 20 x 35 cm ausfetten und den Boden mit Backpapier auslegen. Das Wasser zusammen mit der Butter sowie der Schokolade in einen Topf geben und letztere bei geringer Hitze unter häufigem Rühren zum Schmelzen bringen.

2 Das Mehl sowie das Backpulver in eine Schüssel sieben und den Zucker darin verrühren.

3 Die heiße Schokolade in die Schüssel geben und dann alles verrühren, sodass die Zutaten gut vermischt sind. Die saure Sahne und dann die Eier unterrühren.

4 Die Mischung in die Form geben und im vorgeheizten Ofen bei 200 °C (Gas: Stufe 3) 40 bis 45 Minuten backen.

5 Den Kuchen in der Form abkühlen und dann auf einem Kuchengitter auskühlen lassen. Für den Überzug die Schokolade zusammen mit dem Wasser in einen Topf geben und bei geringer Hitze schmelzen lassen. Die süße Sahne unterrühren und alles vom Herd nehmen. Die Butter unterrühren, die Überzugmasse auf den Kuchen geben und mit einem Spatel gleichmäßig verstreichen.

TIPP

Den Kuchen zum Überziehen auf dem Gitter lassen und ein großes Backblech darunter legen, falls etwas abtropfen sollte.

Schokoladen-Mandel-Torte

Diese Torte serviert man am besten an einem heißen Sommertag zusammen mit geschlagener Sahne und frischen Beeren.

Für 10 Personen

ZUTATEN

Butter für die Form
250 klein gebröckelte Zartbitterschokolade
3 EL Wasser
150 g feiner brauner Zucker
175 g weiche Butter
2 EL geriebene Mandeln
3 EL Weizenmehl Type 405
1/4 Pck. Trockenbackhefe
je 5 frische Eigelb und Eiweiß
100 g überbrühte und abgezogene fein gehackte Mandeln
Puderzucker zum Bestäuben
wahlweise geschlagene Sahne als Beilage

1 Eine Springform von etwa 23 cm Ø ausfetten und den Boden mit Backpapier auslegen.

2 Die Schokolade zusammen mit dem Wasser unter Rühren schmelzen. Den Zucker darin verrühren.

3 In kleinen Mengen die Butter darin verrühren, bis sie sich gänzlich in der Schokolade aufgelöst hat. Den Topf vom Herd nehmen. Die Mandeln, das Mehl und die Hefe behutsam unterrühren. Nacheinander die Eigelbe hinzufügen und alles jedesmal kräftig verrühren.

4 Die Eiweiße in einer Schüssel steif schlagen und dann mit einem Metalllöffel unter die Schokoladenmischung heben. Die Mandeln dazugeben und verrühren. Die Mischung in die Form geben und glatt streichen.

5 Die Torte im vorgeheizten Ofen bei 180 °C (Gas: Stufe 2) 40 bis 45 Minuten backen, bis sie aufgegangen ist und an der Oberfläche etwas aufzureißen beginnt.

6 Die Torte 30 bis 40 Minuten abkühlen lassen, dann auf ein Kuchengitter setzen und auskühlen lassen. Mit dem Puderzucker bestäuben, in Stücke schneiden und servieren. Dazu kann man Schlagsahne sowie frische Beeren reichen.

TIPP

Wenn es noch nussiger schmecken soll, rösten Sie die überbrühten Mandeln in einer trockenen Pfanne etwa 2 Minuten bei mittlerer Hitze, bis sie goldbraun sind.

2

3

3

Möhrenschnitten mit Käsecreme

Dieser mit geraspelten Möhren zubereitete und mit einer feinen Creme gedeckte Kuchen wird bei Jung und Alt regen Anklang finden.

Für 12 Schnitten

ZUTATEN

Butter für die Form
150 g Weizenmehl Type 405
1 Prise Salz
1 TL Zimtpulver
150 g feiner brauner Zucker
1/2 Pck. Trockenbackhefe

2 frische Eier
100 ml Sonnenblumenöl
150 g geschälte und fein geraspelte Möhren
2 EL Kokosraspel
2 EL gehackte Walnusshälften
Walnussstücke zum Dekorieren

FÜR DIE CREME:
50 g weiche Butter
50 g vollfetter Frischkäse
250 g durchgesiebter Puderzucker
1 TL frisch gepresster Zitronensaft

1 Eine quadratische Kuchenform von etwa 20 cm Seitenlänge leicht ausfetten und mit Backpapier auslegen.

2 Mehl, Salz sowie Zimt in eine Schüssel sieben und Zucker sowie Hefe unterrühren. Eier und Öl hinzufügen und alles verrühren.

3 Die Möhre, die Kokosraspel und die gehackten Walnüsse unterrühren.

4 Den Teig in die Backform geben und im vorgeheizten Ofen bei 180 °C (Gas: Stufe 2) 20 bis 25 Minuten backen. Zum Abkühlen in der Form lassen.

5 Inzwischen die Creme zubereiten. Dazu die Butter, den Frischkäse, den Puderzucker sowie den Zitronensaft in einer Schüssel zu einer cremigen Mischung verquirlen. Den Kuchen aus der Form nehmen und in 12 Schnitten aufteilen. Die Creme darauf streichen und zum Schluss das Ganze mit Walnussstückchen dekorieren.

VARIATION

Wer den Kuchen noch saftiger mag, ersetzt die Kokosraspel durch 1 zerdrückte Banane.

Zitronensirupkuchen

Der leicht saure Geschmack des Teigs wird durch süßen Zitronensirup ausgeglichen, mit dem der Kuchen bepinselt wird.

Für 8 Personen

ZUTATEN

Butter für die Form
200 g Weizenmehl Type 405
2 TL Backpulver
200 g Feinzucker
4 frische Eier
150 g saure Sahne
abgeriebene Schale von
1 unbehandelten Zitrone
4 EL frisch gepresster Zitronensaft
150 ml Sonnenblumenöl

FÜR DEN SIRUP:
4 EL Puderzucker
3 EL frisch gepresster Zitronensaft

1 Eine Form von etwa 20 cm Ø leicht ausfetten und den Boden mit Backpapier auslegen.

2 Das Mehl sowie das Backpulver in eine Schüssel sieben und den Zucker unterrühren.

3 In einer anderen Schüssel die Eier, die Sahne, die Zitronenschale, den Zitronensaft und das Öl verrühren

4 Die Eiermischung zu den Trockenzutaten geben und alles zu einem Teig verrühren.

5 Den Teig in die Backform geben und im vorgeheizten Ofen bei 180 °C (Gas: Stufe 2) 45 bis 60 Minuten backen, bis er aufgegangen und goldbraun ist.

6 Puderzucker und Zitronensaft vermischen. Bei geringer Hitzezufuhr verrühren, bis die Mischung anfängt, Blasen zu schlagen und zähflüssig zu werden.

7 Den Kuchen aus dem Ofen nehmen, in die Oberfläche mit einem dünnen Stäbchen kleine Löcher stechen und mit Sirup bepinseln. Den Kuchen in der Form auskühlen lassen, dann herausnehmen und servieren.

TIPP

Durch das Anstechen versickert der Sirup im Kuchen, und so nimmt dieser das volle Aroma des Zitronensirups an.

Orangengugelhupf

Dieser Kuchen besitzt nicht nur eine originelle Form, sondern auch ein erfrischendes Orangenaroma.

Für 6–8 Personen

ZUTATEN

Butter und Mehl für die Form
250 g weiche Butter
250 g Feinzucker
je 4 frische Eigelb und Eiweiß
500 g Weizenmehl Type 405
1 Prise Salz

3 TL Backpulver
300 ml frisch gepresster Orangensaft
1 EL Orangenblütenwasser
1 TL abgeriebene unbehandelte Orangenschale

FÜR DEN SIRUP:
200 ml Orangensaft
200 g Kristallzucker

1 Eine Gugelhupfform von etwa 25 cm Ø ausfetten und mit Mehl bestäuben.

2 Butter und Zucker zu einer cremigen Masse aufschlagen. Die Eigelbe hinzufügen und alles gut verquirlen.

3 Das Mehl, das Salz und das Backpulver in eine separate Schüssel sieben. Abwechselnd löffelweise jeweils ein wenig von diesen Zutaten und vom Orangensaft zu der cremigen Masse geben. Das Orangenblütenwasser und die Orangenschale in die Creme einrühren.

4 Die Eiweiße steif schlagen und unter den Teig heben.

5 Den Teig in die Form geben und im vorgeheizten Ofen bei 180 °C (Gas: Stufe 2) 50 bis 55 Minuten backen (Stäbchenprobe machen!).

6 Orangensaft sowie Zucker zum Kochen bringen und dann 5 Minuten köcheln lassen, bis sich der Zucker aufgelöst hat.

7 Den Kuchen aus dem Ofen nehmen und in der Form etwa 10 Minuten abkühlen lassen. In den Kuchenboden mit einem Stäbchen kleine Löcher stechen und die Hälfte des Sirups darüber pinseln. Den Kuchen weitere 10 Minuten abkühlen lassen. Ihn dann auf ein Kuchengitter stürzen, unter dem ein tiefer Teller steht. Den übrigen Sirup über den Kuchen pinseln, bis er vollständig damit überzogen ist.

Kokosnusskuchen

Ein richtiger Familienkuchen. Vor allem die Kinder freuen sich darauf, ihn als Pausenbrot mitnehmen zu dürfen.

Für 6–8 Personen

ZUTATEN

Butter für die Form
250 g Weizenmehl Type 405
1 Prise Salz
1/2 Pck. Trockenbackhefe
100 g in kleine Stücke geschnittene Butter
100 g brauner Kristallzucker
100 g Kokosraspel und einige zum Bestreuen
2 verquirlte frische Eier
4 EL Milch

1 Eine 1-kg-Kastenform ausfetten und den Boden mit Backpapier auslegen.

2 Das Mehl und das Salz in eine Schüssel sieben, die Hefe dazugeben und verrühren. Die Butter mit den Fingern darunter kneten, bis das Ganze eine bröselige Masse ergibt.

3 Den Zucker, die Kokosraspel, die Eier sowie die Milch dazugeben und alles mit einem Kochlöffel zu einem weichen Teig verrühren.

4 Die Mischung in die Kastenform geben und die Oberfläche glatt streichen. Im vorgeheizten Ofen bei 160 °C (Gas: Stufe 1) etwa 30 Minuten backen. Den Kuchen aus dem Ofen nehmen und mit etwas Kokosraspeln bestreuen. Ihn dann weitere 30 Minuten backen, bis er aufgegangen und goldbraun ist (Stäbchenprobe machen!).

6 Den Kuchen zunächst in der Form etwas abkühlen lassen, dann auf ein Kuchengitter stürzen, auskühlen lassen und servieren.

TIPP

Der Kuchen schmeckt noch besser, wenn man ihn einige Tage kühl und trocken aufbewahrt.

Apfelkuchen mit Most

Diesen Kuchen kann man kalt zum Kaffee servieren oder mit geschlagener Sahne warm als Dessert.

Für 1 Kuchen

ZUTATEN

Butter für die Form
250 g Weizenmehl Type 405
1 TL Backpulver
1/2 Pck. Trockenbackhefe
75 g in kleine Stücke geschnittene Butter
80 g Feinzucker
50 g gehackte Dörräpfel
80 g ungeschwefelte Rosinen
150 ml süßer Apfelmost
1 verquirltes frisches Ei
200 g Himbeeren

1 Eine runde Kuchenform von etwa 20 cm Ø ausfetten und mit Backpapier auslegen.

2 Das Mehl und das Backpulver in eine Schüssel sieben. Die Hefe dazurühren und die Butter mit den Fingern darunter kneten, bis das Ganze eine bröselige Masse ergibt.

3 Den Zucker, den Apfel und die Rosinen untermengen.

4 Den süßen Most sowie das Ei dazugeben und verrühren, sodass alles gut vermischt ist. Die Himbeeren behutsam einrühren, damit sie nicht zermatschen.

5 Die Mischung dann in die Kuchenform geben.

6 Den Teig im vorgeheizten Ofen bei 200 °C (Gas: Stufe 3) etwa 40 Minuten backen, bis er aufgegangen und goldbraun ist.

7 Den Kuchen etwas abkühlen lassen und dann zum Auskühlen auf ein Kuchengitter setzen, bevor er serviert wird.

VARIATION

Wenn Sie keinen Most mögen, können Sie stattdessen auch klaren Apfelsaft verwenden.

3

4

4

Würziger Apfelring

Durch die Verwendung von geraspelten Äpfeln und von Mandelplättchen ist dieser Kuchen zugleich feucht und knusprig.

Für 8 Personen

ZUTATEN

Butter für die Form
200 g weiche Butter
200 g Feinzucker
3 verquirlte frische Eier
250 g Weizenmehl Type 405

1 TL Zimtpulver
1 TL Pimentpulver
1/2 Pck. Trockenbackhefe

2 halbierte, vom Kerngehäuse befreite und geraspelte Äpfel
2 EL Apfelsaft oder Milch
2 EL Mandelplättchen

1 Eine feuerfeste Ringform von etwa 25 cm Ø leicht ausfetten.

2 In einer Schüssel die Butter und den Zucker zu einer cremigen Masse schlagen. Nach und nach die Eier hinzufügen und alles jeweils gut verquirlen.

3 Das Mehl und die Gewürze dazusieben und dann zusammen mit der Hefe unter die cremige Masse heben.

4 Äpfel sowie Apfelsaft bzw. Milch dazugeben und alles zu einem weichen Teig verrühren.

5 Die Mandelplättchen auf den Boden der Ringform streuen und den Teig darauf geben. Die Oberfläche glatt streichen.

6 Den Teig im vorgeheizten Ofen bei 180 °C (Gas: Stufe 2) etwa 30 Minuten backen, bis er aufgegangen ist (Stäbchenprobe machen!).

7 Den Kuchen zunächst in der Form etwas abkühlen lassen, dann aus der Form auf ein Kuchengitter stürzen und auskühlen lassen. Den Apfelring in Scheiben geschnitten servieren.

TIPP

Sie können diesen Kuchen natürlich auch in einer gewöhnlichen runden Form backen, falls Sie keine Ringform besitzen.

4

5

5

Marmorkuchen

Die für diesen Kuchen charakteristische Marmorierung erzielt man, indem man zwei verschiedene Teigmischungen in die Backform gibt.

Für 8 Personen

ZUTATEN

Butter für die Form
200 g weiche Butter
200 g Feinzucker
4 verquirlte frische Eier
200 g durchgesiebtes Weizenmehl Type 405
1/2 Pck. Trockenbackhefe
2 EL durchgesiebtes Kakaopulver
ca. 6 EL frisch gepresster Orangensaft
abgeriebene Schale von 1 unbehandelten Orange
wahlweise Kristallzucker zum Bestreuen

1 Eine feuerfeste Ringform von ca. 25 cm Ø leicht ausfetten.

2 Die Butter und den Zucker 5 Minuten verquirlen, bis eine cremige Masse entsteht.

3 Nach und nach die Eier hinzufügen und alles jeweils gut verquirlen.

4 Mit einem Metalllöffel das Mehl sowie die Hefe behutsam unter die cremige Masse heben und dann die Hälfte davon in eine andere Schüssel geben.

5 Das Kakaopulver und die Hälfte vom Orangensaft mit dem Teig in einer der Schüsseln verrühren.

6 Die Orangenschale sowie den übrigen Orangensaft in die andere Schüssel geben und gut unterrühren.

7 Abwechselnd löffelweise Teig aus den beiden Schüsseln in die Ringform geben und dann ein Stäbchen durch den Teig ziehen, um den marmorierten Effekt zu erzeugen.

8 Den Kuchen im vorgeheizten Ofen bei 180 °C (Gas: Stufe 2) 30 bis 35 Minuten backen, bis der Teig aufgegangen ist (Stäbchenprobe machen!). Den Kuchen zunächst abkühlen lassen und dann zum Auskühlen auf ein Kuchengitter stürzen. Eventuell mit Zucker bestreuen.

VARIATION

Wenn es noch mehr nach Schokolade schmecken soll, geben Sie 50 g Schokoraspel in den Teig.

Mandelstreuselkuchen

Ein Nusskuchen mit mildem Kaffeearoma und von knusprigen Streuseln gekrönt.

Für 8 Personen

ZUTATEN

Butter für die Form
300 g Weizenmehl Type 405
1 EL Backpulver
100 g Feinzucker
150 ml Milch
2 frische Eier
100 g zerlassene und erkaltete Butter

2 EL Instantkaffee, aufgelöst in 1 EL kochendem Wasser
50 g gehackte Mandeln
Puderzucker zum Bestäuben

FÜR DIE STREUSEL:
150 g Weizenmehl Type 405
1/2 Pck. Trockenbackhefe
100 g brauner Kristallzucker
2 EL in kleine Stücke geschnittene Butter
1 TL Pimentpulver
1 EL Wasser

1 Eine Springform von etwa 23 cm Ø ausfetten und den Boden mit Backpapier auslegen. Das Mehl zusammen mit dem Backpulver in eine Schüssel sieben und dann den Zucker unterrühren.

2 Die Milch, die Eier, die Butter sowie den Kaffee verquirlen und in die Schüssel zu den anderen Zutaten geben. Die gehackten Mandeln hinzufügen und alles behutsam verrühren. Das Ganze in die Form geben.

3 Für die Streusel das Mehl, die Hefe und den Zucker gut miteinander vermischen.

4 Die Butter mit den Fingern unter diese Mischung kneten. Den Piment darüber streuen und das Wasser dazugießen. Alles miteinander vermengen, bis das Ganze eine bröselige Masse ergibt. Diese über den Kuchenteig streuen.

5 Den Kuchen im vorgeheizten Ofen bei 200 °C (Gas: Stufe 3) etwa 50 bis 60 Minuten backen. Falls die Streusel zu schnell braun werden, das Ganze locker mit Alufolie bedecken. In der Form abkühlen lassen, dann herausnehmen, mit dem Puderzucker bestäuben und servieren.

Ungezuckerter Früchtekuchen

Dieser Kuchen verdankt sein reiches Aroma den diversen Früchten, die er enthält. Da diese süß genug sind, benötigt man keinen Zucker.

Für 8–10 Personen

ZUTATEN

- Butter für die Form
- 400 g Weizenmehl Type 405
- 2 TL Backpulver
- 1 TL Pimentpulver
- 150 g in kleine Stücke geschnittene Butter
- 100 g gehackte getrocknete Aprikosen
- 100 g entkernte gehackte Datteln
- 100 g gehackte kandierte Kirschen
- 100 g ungeschwefelte Rosinen
- 125 ml Milch
- 2 verquirlte frische Eier
- ca. 6 EL frisch gepresster Orangensaft
- abgeriebene Schale von 1 unbehandelten Orange
- 3 EL dünnflüssiger Honig

1 Eine runde Kuchenform von etwa 20 cm Ø ausfetten und den Boden mit Backpapier auslegen.

2 Mehl, Backpulver sowie Piment in eine große Schüssel sieben und vermengen.

3 Die Butter mit den Fingern darunter kneten, bis das Ganze eine bröselige Masse ergibt.

4 Behutsam die Aprikosen, die Datteln, die Kirschen und die Rosinen mit der Milch, den verquirlten Eiern, dem Orangensaft und der Orangenschale sorgfältig verrühren.

5 Den Honig dazugeben und alles zu einem weichen Teig verrühren. Diesen in die Form geben und die Oberfläche glatt streichen.

6 Den Teig im vorgeheizten Ofen bei 180 °C (Gas: Stufe 2) etwa 1 Stunde backen (Stäbchenprobe machen!).

7 Den Kuchen abkühlen lassen und dann servieren.

VARIATION

Wer es noch fruchtiger mag, nimmt statt des Honigs 1 zerdrückte reife Banane.

3

4

5

Mandelkuchen

In unserem Rezept wird dieser Kuchen nach dem Backen mit einer Glasur aus Honig und Zitronensaft überzogen.

Für 8 Personen

ZUTATEN

Butter für die Form
100 g weiche Margarine
50 g feiner brauner Zucker
2 frische Eier
200 g Weizenmehl Type 405
1/2 Pck. Trockenbackhefe
1 TL Backpulver
4 EL Milch
2 EL dünnflüssiger Honig
50 g Mandelplättchen

FÜR DIE GLASUR:
150 ml dünnflüssiger Honig
2 EL Zitronensaft

1 Eine runde Kuchenform von etwa 18 cm Ø ausfetten und mit Backpapier auslegen.

2 Margarine, Zucker, Eier, Mehl, Hefe, Backpulver, Milch sowie Honig mit einem Holzlöffel ungefähr 1 Minute lang verrühren, bis sämtliche Zutaten gut vermischt sind.

3 Das Ganze in die Kuchenform geben, die Oberfläche mit dem Rücken eines Löffels oder einer Gabel glatt streichen und mit den Mandeln bestreuen.

4 Den Teig im vorgeheizten Ofen bei 180 °C (Gas: Stufe 2) etwa 50 Minuten lang backen, bis er aufgegangen ist.

5 Inzwischen die Glasur vorbereiten. Dazu den Honig und den Zitronensaft in einem Topf etwa 5 Minuten köcheln lassen, bis die Glasur anfängt, am Löffel kleben zu bleiben.

6 Sobald der Kuchen fertig gebacken ist, die Glasurmischung darüber gießen, damit sie den Kuchen gut durchtränken kann. Den Kuchen mindestens 2 Stunden abkühlen lassen.

TIPP

Für die Glasur verschiedene Honige ausprobieren, um die beste Geschmacksrichtung zu finden.

2

3

6

Ingwerschnitten

Diese würzigen Schnitten schmecken durch die geraspelten Äpfel ganz besonders fruchtig.

Für 12 Schnitten

ZUTATEN

Butter für die Form
150 g Butter
200 g feiner brauner Zucker
2 EL Rübensirup
250 g Weizenmehl Type 405

1 TL Backpulver
2 TL Natron
2 TL Ingwerpulver
150 ml Milch

1 verquirltes frische Ei
2 geschälte, vom Kerngehäuse befreite, fein geraspelte und in 1 EL Zitronensaft getauchte Äpfel

1 Eine rechteckige Kuchenform von ca. 23 cm Seitenlänge ausfetten und mit Backpapier auslegen.

2 Die Butter, den Zucker sowie den Sirup in einem kleinen Topf bei geringer Hitze zum Schmelzen bringen und danach die Mischung einige Zeit abkühlen lassen.

3 Das Mehl zusammen mit dem Backpulver, dem Natron und dem Ingwer in eine Schüssel sieben.

4 Die Milch, das verquirlte Ei und die abgekühlte Mischung aus Butter, Zucker und Sirup sowie die geraspelten Äpfel dazugeben.

5 Alles behutsam verrühren und anschließend in die Form geben.

6 Das Ganze im vorgeheizten Ofen bei 170 °C (Gas: Stufe 1) 30 bis 35 Minuten backen, bis der Teig aufgegangen ist. Den Kuchen in der Form abkühlen lassen, herausnehmen und in 12 Schnitten teilen.

VARIATION

Wenn Sie Ingwer besonders gern mögen, können Sie in Schritt 3 noch 2 EL fein gehackte Ingwerwurzel hinzufügen.

Apfel-Biskuit-Törtchen

Da staunen kleine und große Kinder: mit Apfelspalten und Schlagsahne gefüllte Whopper, die ein begehrter Nachtisch sein werden.

Für 4 Stück

ZUTATEN

Butter für das Blech
150 g Weizenmehl Type 405
1/2 TL Salz
1 TL Backpulver
1 EL Feinzucker
2 EL Butterflöckchen
50 ml Milch
Puderzucker zum Bestäuben

FÜR DIE FÜLLUNG:
3 geschälte, vom Kerngehäuse befreite und in Spalten geschnittene Äpfel
100 g Feinzucker
1 EL Zitronensaft
1 TL Zimtpulver
300 ml Wasser
150 g leicht geschlagene süße Sahne

1 Ein Backblech leicht mit Butter ausfetten.

2 Mehl, Salz und Backpulver in eine Schüssel sieben. Zucker dazugeben, alles vermengen und Butter darunter kneten, bis das Ganze eine bröselige Masse ergibt.

3 Die Milch dazugeben und alles zu einem weichen Teig verkneten. Den Teig auf einer leicht bemehlten Arbeitsfläche etwas weiterkneten und dann etwa 1 cm dick ausrollen. Mit einer Ausstechform (etwa 5 cm Ø) 4 Scheiben ausstechen und diese auf das Backblech geben.

4 Die Törtchen im vorgeheizten Ofen bei 220 °C (Gas: Stufe 4) etwa 15 Minuten backen, bis sie gut aufgegangen und leicht braun sind.

5 Für die Füllung die Apfelspalten, den Zucker, den Zitronensaft und den Zimt in einen Topf geben.

6 Das Wasser hinzufügen, zum Kochen bringen und das Ganze ohne Deckel 5 bis 10 Minuten köcheln lassen. Etwas abkühlen lassen und die Äpfel herausnehmen.

7 Die 4 Biskuittörtchen quer halbieren. Die unteren Hälften auf Teller legen und je ein Viertel der Apfelspalten sowie der geschlagenen Sahne darauf geben. Mit den anderen Hälften bedecken. Zum Servieren die Biskuittörtchen mit Puderzucker bestäuben.

3

3

6

Sirupscones

Scones sind ein typisch englisches Gebäck und werden meist zum Tee verzehrt. Der Rübensirup verleiht dieser Variante ein eigenes Aroma.

Für 8 Stück

ZUTATEN

Butter für das Blech
250 g Weizenmehl Type 405
1 EL Feinzucker
1 Prise Salz
1/2 Pck. Trockenbackhefe
75 g Butterflöckchen
1 geschälter, vom Kerngehäuse befreiter und fein geraspelter Apfel
1 verquirltes frisches Ei
2 EL Rübensirup
75 ml Milch
Butter zum Bestreichen

1 Ein Backblech leicht mit Butter ausfetten.

2 Das Mehl, den Zucker und das Salz in eine Schüssel sieben.

3 Die Hefe untermischen und die Butter mit den Fingern darunter kneten.

4 Den geraspelten Apfel einrühren.

5 Das Ei, den Sirup sowie die Milch in einen Messbecher geben und verquirlen. In der Schüssel mit den anderen Zutaten zu einem Teig verrühren.

6 Den Teig auf einer leicht bemehlten Arbeitsfläche etwa 2 cm dick ausrollen und mit einer Ausstechform von etwa 5 cm Ø 8 Scones ausstechen.

7 Die Scones auf das Backblech setzen und im vorgeheizten Ofen bei 220 °C (Gas: Stufe 4) 8 bis 10 Minuten backen. Auf einem Kuchengitter etwas abkühlen lassen.

8 Die Scones quer halbieren und mit Butter bestreichen.

TIPP

Man kann die Scones einfrieren, sollte sie aber innerhalb von 1 Monat auftauen und verzehren.

Scones mit kandierten Kirschen

Diese Variante der klassischen englischen Teebrötchen ist recht süß und besticht durch ein köstliches Kirscharoma.

Für 8 Stück

ZUTATEN

Butter für das Blech
250 g Weizenmehl Type 405
1 EL Feinzucker
1 Prise Salz
1/2 Pck. Trockenbackhefe
75 g Butterflöckchen
50 g gehackte kandierte Kirschen
50 g ungeschwefelte Sultaninen
1 verquirltes frisches Ei
50 ml Milch
Butter zum Bestreichen

1 Ein Backblech leicht mit Butter ausfetten.

2 Das Mehl, den Zucker und das Salz in eine Schüssel sieben. Die Hefe dazumischen und die Butter mit den Fingern darunter kneten, bis das Ganze eine bröselige Masse ergibt.

3 Die kandierten Kirschen und die Sultaninen zu der Mischung geben. Das Ei hinzufügen und alles verrühren.

4 Von der Milch 1 EL zum Glasieren aufbewahren und den Rest zu der Mischung geben. Alles zu einem Teig verkneten.

5 Den Teig auf einer leicht bemehlten Arbeitsfläche etwa 2 cm dick ausrollen und 8 Scones von etwa 5 cm Ø ausstechen. Die Scones auf das Backblech setzen und mit der für die Glasur aufbewahrten Milch bepinseln.

6 Die Brötchen im vorgeheizten Ofen bei 220 °C (Gas: Stufe 4) 8 bis 10 Minuten backen, bis sie goldbraun sind. Die Scones abkühlen lassen, halbieren und mit Butter bestrichen servieren.

TIPP

Man kann die Scones sehr gut einfrieren, sollte sie aber innerhalb von 1 Monat auftauen und verzehren.

3

4

5

Preiselbeermuffins

Diese schmackhaften Muffins kann man sowohl als Beilage zu einer Suppe wie auch zum Nachmittagskaffee genießen.

Für 18 Stück

ZUTATEN

Butter für die Bleche
250 g Weizenmehl Type 405
2 TL Backpulver
1/2 TL Salz
50 g Feinzucker
50 g zerlassene Butter
2 verquirlte frische Eier
200 ml Milch
100 g frische Preiselbeeren
2 TL frisch geriebener Parmesan

1 Zwei Muffinbleche leicht mit Butter ausfetten.

2 Mehl, Backpulver sowie Salz in eine Schüssel sieben und den Zucker unterrühren.

3 In einer separaten Schüssel die Butter, die Eier sowie die Milch verquirlen und dann das Ganze zu den Zutaten in der anderen Schüssel geben.

4 Das Ganze behutsam verrühren, bis alle Zutaten gut vermischt sind, und dann die Preiselbeeren untermengen.

5 Mit dem Teig die Muffinbleche auslegen.

6 Jedes Muffin mit jeweils etwas frisch geriebenem Parmesan bestreuen.

7 Die Muffins im vorgeheizten Ofen bei 200 °C (Gas: Stufe 3) etwa 20 Minuten backen, bis sie gut aufgegangen und goldbraun sind.

8 Die Muffins im Blech etwas abkühlen lassen, dann auf ein Kuchengitter geben und vor dem Servieren nochmals einige Zeit auskühlen lassen.

VARIATION

Für eine süße Variante dieser Preiselbeermuffins kann man in Schritt 6 den Parmesan durch braunen Rohzucker ersetzen.

Plätzchen

Was gibt es Feineres zum nachmittäglichen Kaffee oder Tee als selbstgebackene Plätzchen? Die reizvollen Rezepte, die Sie in diesem Kapitel finden, wollen Ihren Gaumen verwöhnen und Sie immer wieder in Versuchung führen.

Nach mehr schmeckende Zitrusmonde, Meringen, Schoko- oder Ingwerplätzchen sind schnell hergestellt. Überdies macht ihre Zubereitung bereits Spaß, denn für Vanilleherzen, Kümmel-, Zitronen- oder Rosmarinplätzchen können Sie jede beliebige Ausstechform verwenden und Ihre Fantasie (oder die Ihrer Kinder) walten lassen.

Beim Plätzchenbacken sollte man mehr als penibel bei den Zutaten sein: Nüsse sollten so frisch wie möglich sein, man sollte auf beste Qualität bei der Schokolade Wert legen, beim Zucker verwendet man wenn möglich unraffinierten Rohrzucker, und mit frischer Butter gelingen die meisten Plätzchen am besten.

Fertig gebackene Plätzchen lässt man stets auf einem Kuchengitter auskühlen und bewahrt sie dann in einem luftdichten Behälter auf.

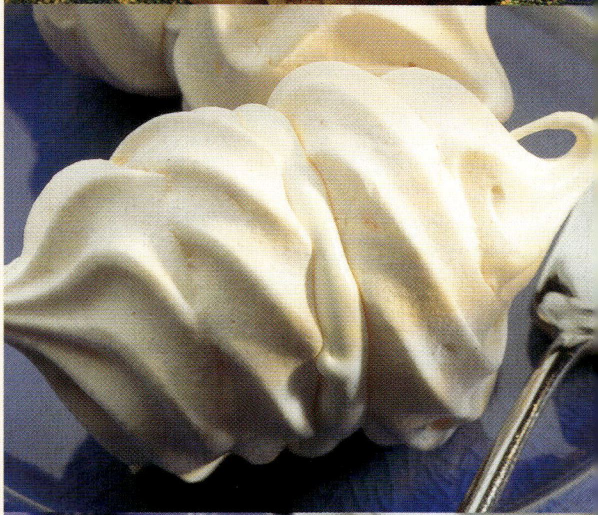

Gewürzplätzchen

Diese Leckerei wird gerne zum Nachtisch gereicht und passt hervorragend zu Obstsalat oder Eiscreme.

Für etwa 24 Stück

ZUTATEN

Butter für die Bleche
175 g ungesalzene Butter
200 g dunkler Rohzucker
250 g Weizenmehl Type 405
1 Prise Salz
1/2 TL Natron
1 TL Zimtpulver
1/2 TL Korianderpulver
1/2 TL geriebene Muskatnuss
1 Msp. Gewürznelkenpulver
2 EL brauner Rum

1 Zwei Backbleche leicht mit Butter ausfetten.

2 Die Butter mit dem Zucker vermischen und zu einer cremigen Masse schlagen.

3 Mehl, Salz, Natron, Zimt, Koriander, Muskatnuss sowie Gewürznelken durch ein Sieb zu der cremigen Masse geben und darin verrühren.

4 Den Rum hinzufügen und unter den Teig rühren.

5 Mit Hilfe von 2 Teelöffeln kleine Teighäufchen im Abstand von etwa 5 cm auf die Backbleche geben, sodass sie beim Backen gut aufgehen können. Jedes Häufchen mit dem Löffelrücken ein wenig abflachen.

6 Im vorgeheizten Ofen bei 180 °C (Gas: Stufe 2) 10 bis 12 Minuten goldbraun backen.

7 Die Plätzchen auf Kuchengittern auskühlen und knusprig werden lassen.

TIPP

Man kann die Plätzchen auch mit einer Gabel abflachen, was ein hübsches Muster ergibt.

2

3

5

Sonnenblumen-Zimt-Schnitten

Diese feuchten Schnitten schmecken angenehm frisch und würzig.

Für 12 Stück

ZUTATEN

Butter für die Form
250 g weiche Butter
250 g Feinzucker
3 verquirlte frische Eier
250 g Weizenmehl Type 405
1/2 TL Natron
1 EL Zimtpulver
1/2 Pck. Trockenbackhefe
150 g saure Sahne
100 g Sonnenblumenkerne

1 Eine quadratische Backform von ca. 23 cm Seitenlänge ausfetten und mit Backpapier auslegen.

2 Die Butter und den Zucker in einer großen Schüssel verquirlen, bis eine cremige Masse entsteht.

3 Nach und nach die Eier hinzufügen und alles jeweils gut verquirlen.

4 Das Mehl, das Natron sowie den Zimt durch ein Sieb dazugeben, die Hefe hinzufügen und alles behutsam mit einem Metalllöffel unter die cremige Masse heben.

5 Die saure Sahne sowie die Sonnenblumenkerne hinzufügen und alles gut verrühren.

6 Die Mischung in die Backform geben und die Oberfläche mit dem Rücken eines Messers oder Löffels glatt streichen.

7 Den Teig im vorgeheizten Ofen bei 180 °C (Gas: Stufe 2) etwa 45 Minuten backen, bis die Oberfläche der Masse fest ist.

8 Mit einem Messer das Ganze von der Form lösen, auf ein Kuchengitter setzen und auskühlen lassen. In 12 Schnitten teilen.

TIPP

Man kann die fertigen Schnitten zusätzlich mit etwas Zimtpulver bestreuen.

Ingwerplätzchen

Bei diesen leckeren Keksen verbindet sich der Ingwergeschmack mit einem feinen Orangenaroma.

Für 30 Stück

ZUTATEN

Butter für die Bleche
400 g Weizenmehl Type 405
1 Prise Salz
200 g Feinzucker
1 EL Ingwerpulver
1 TL Natron
1 Pck. Trockenbackhefe
125 g Butter
75 g heller flüssiger Honig
1 verquirltes frisches Ei
1 TL abgeriebene unbehandelte Orangenschale

1 Mehrere Backbleche leicht mit Butter ausfetten.

2 Mehl, Salz, Zucker, Ingwerpulver sowie Natron in eine Schüssel sieben, Hefe hinzufügen.

3 Die Butter und den Honig bei sehr geringer Hitze in einem Topf so lange erhitzen, bis die Butter ganz zerschmolzen ist.

4 Die Buttermischung etwas abkühlen lassen und dann zu den anderen Zutaten in die Schüssel geben.

5 Das Ei sowie die Orangenschale hinzufügen und alles gut verrühren.

6 Mit den Händen 30 gleich große Kugeln aus dem Teig formen.

7 Die Kugeln in ausreichend großem Abstand auf die Bleche legen und mit den Fingern ein wenig flachdrücken. Die Kugeln im vorgeheizten Ofen bei 160 °C (Gas: Stufe 1) 15 bis 20 Minuten backen und dann auf einem Kuchengitter auskühlen lassen.

TIPP

Die Plätzchen kann man in einem luftdichten Behälter bis zu 1 Woche aufbewahren.

VARIATION

Wenn Sie die Plätzchen etwas knuspriger haben möchten, backen Sie sie einige Minuten länger.

3

4

7

Kümmelplätzchen

Kümmel findet in verschiedensten Rezepten Verwendung. Sein kräftiges Aroma prägt auch diese Plätzchen.

Für etwa 36 Stück

ZUTATEN

Butter für die Form
250 g Weizenmehl Type 405
1 Prise Salz
100 g in kleine Stücke geschnittene Butter
250 g Feinzucker
1 verquirltes frisches Ei
2 EL Kümmel
wahlweise brauner Kristallzucker zum Bestreuen

1 Mehrere Backbleche leicht mit Butter ausfetten.

2 Das Mehl und das Salz in eine Schüssel sieben. Die Butter mit den Fingern darunter kneten, bis das Ganze eine bröselige Masse ergibt. Dann den Zucker hinzufügen und verrühren.

3 Von dem verquirlten Ei 1 Esslöffel zum Bepinseln der Plätzchen aufbewahren. Die übrige Eimasse zusammen mit dem Kümmel in die Schüssel geben und alles zu einem weichen Teig vermischen.

4 Den Plätzchenteig auf einer leicht bemehlten Arbeitsfläche dünn ausrollen und anschließend ca. 36 kleine Scheiben von etwa 5 cm Ø ausstechen.

5 Die Scheiben auf die Backbleche legen, mit dem aufbewahrten Ei bepinseln und dann evtl. mit dem Zucker bestreuen.

6 Die Plätzchen im vorgeheizten Ofen bei 160 °C (Gas: Stufe 1) 10 bis 15 Minuten backen, bis sie leicht goldbraun und knusprig sind.

7 Auf einem Kuchengitter auskühlen lassen und in einem luftdichten Behälter aufbewahren.

VARIATION

Kümmel hat einen recht intensiven Geschmack. Wenn er Ihnen zu kräftig ist, können Sie ihn durch Mohn ersetzen, der weitaus milder schmeckt.

2

3

4

Erdnussbutterkekse

Erdnussbutter erfreut sich auch hierzulande vor allem bei Kindern zunehmender Beliebtheit. Sie werden daher diese Kekse besonders lieben.

Für 20 Stück

ZUTATEN

Butter für die Bleche
125 g weiche Butter
150 g Erdnussbutter
225 g Zuckerraffinade
1 leicht verquirltes frisches Ei
150 g Weizenmehl Type 405
1/2 TL Backpulver
1 Prise Salz
75 g gehackte ungesalzene Erdnüsse

1 Zwei Backbleche leicht mit Butter ausfetten.

2 Butter und Erdnussbutter zu einer cremigen Masse rühren.

3 Nach und nach die Zuckerraffinade hinzufügen und alles jeweils gut vermischen.

4 Nach und nach das Ei dazugeben und alles jeweils gut vermischen.

5 Das Mehl, das Backpulver und das Salz zu der Mischung sieben.

6 Die Erdnüsse hinzufügen und alle Zutaten zu einem weichen Teig verrühren. Den Teig zudecken und etwa 30 Minuten ruhen lassen.

7 Aus dem Teig 20 Kugeln formen und auf die Backbleche legen; dazwischen jeweils etwa 5 cm Abstand lassen, damit sie beim Backen gut aufgehen können. Die Kugeln mit der Hand ein wenig abflachen. Die Kekse im vorgeheizten Ofen bei 200 °C (Gas: Stufe 3) etwa 15 Minuten lang backen, bis sie goldbraun sind. Auf ein Kuchengitter geben und auskühlen lassen.

TIPP

Damit die Kekse auch äußerlich knusprig und einladend aussehen, kann man sie vor dem Backen mit braunem Rohrzucker bestreuen.

Haselnussschnitten

Sie passen gut zum Nachmittagskaffee und sind schnell hergestellt. Man kann dafür auch andere Nüsse verwenden.

Für 16 Stück

ZUTATEN

Butter für das Blech
150 g Weizenmehl Type 405
1 Prise Salz
1 TL Backpulver
100 g Butterflöckchen
150 g feiner brauner Zucker
1 verquirltes frisches Ei
4 EL Milch
100 g halbierte Haselnusskerne
wahlweise brauner Rohrzucker zum Bestreuen

1 Ein quadratisches Backblech von etwa 23 cm Seitenlänge ausfetten und den Boden mit Backpapier auslegen.

2 Mehl, Salz und Backpulver in eine große Schüssel sieben.

3 Die Butter mit den Fingern darunter kneten, bis das Ganze eine bröselige Masse ergibt. Den Zucker hinzufügen und vermengen.

4 Das Ei, die Milch sowie die Haselnüsse dazugeben und alles mit einem hölzernen Kochlöffel zu einem Teig verrühren.

5 Die Mischung auf das Blech geben und die Oberfläche glatt streichen. Eventuell mit braunem Rohrzucker bestreuen.

6 Den Teig im vorgeheizten Ofen bei 180 °C (Gas: Stufe 2) etwa 25 Minuten lang backen, bis die Oberfläche fest ist. Ihn etwa 10 Minuten abkühlen lassen, dann die Ränder mit einem Messer vom Blech lösen. Auf ein Kuchengitter stürzen und in Vierecke schneiden.

VARIATION

Eine koffeinhaltige Variante dieser Schnitten erhält man, wenn man statt der Milch dieselbe Menge starken kalten Kaffee nimmt.

3

4

5

Kokosriegel

Frisch gebacken munden diese knusprigen Schnitten am allerbesten.

Für 16 Stück

ZUTATEN

Butter für das Blech
200 g Butter
200 g brauner Rohrzucker
2 EL heller flüssiger Honig
250 g Haferflocken
100 g Kokosraspel
75 g gehackte kandierte Kirschen

1 Ein rechteckiges Backblech von ca. 25 x 30 cm leicht mit Butter ausfetten.

2 Die Butter, den Zucker und den Honig in einem großen Topf unter Umrühren erhitzen, bis alles geschmolzen ist.

3 Die Haferflocken, die Kokosraspel sowie die kandierten Kirschen dazugeben und alles gründlich miteinander verrühren.

4 Die Mischung auf das Backblech geben und gleichmäßig darauf verteilen. Mit einem Messer oder einem Spatel gut andrücken und glatt streichen.

5 Den Teig im vorgeheizten Ofen bei 170 °C (Gas: Stufe 1) etwa 30 Minuten backen.

6 Ihn aus dem Ofen nehmen und im Blech 10 Minuten abkühlen lassen.

7 Den Kuchen mit einem Messer in 16 Riegel teilen.

8 Die Kokosriegel auf ein Kuchengitter geben und auskühlen lassen.

TIPP

Die Riegel kann man in einem luftdichten Behälter bis zu 1 Woche aufbewahren. Tiefgekühlt halten sie sich 1 Monat.

2

3

4

Rosinen-Haferflocken-Plätzchen

Dieses süße Gebäck genießt man am besten mit einer Tasse Tee!

Für 10 Stück

ZUTATEN

Butter für die Bleche
50 g Butter
150 g Feinzucker
1 verquirltes frisches Ei
50 g Weizenmehl Type 405
1/2 TL Salz
1/2 TL Backpulver
175 g Haferflocken
125 g ungeschwefelte Rosinen
2 EL Sesamsamen

1 Zwei Backbleche leicht mit Butter ausfetten.

2 Butter und Zucker zu einer cremigen Masse verrühren.

3 Nach und nach das Ei zugeben und alles jeweils gut vermischen.

4 Das Mehl, das Salz und das Backpulver zu der Masse sieben und alles gut verrühren.

5 Die Haferflocken, die Rosinen sowie die Sesamsamen hinzufügen und alles gut vermischen.

6 Löffelweise den Teig auf die Backbleche geben und dabei zwischen den Häufchen genug Abstand lassen. Die Häufchen mit dem Löffelrücken ein wenig abflachen.

7 Die Plätzchen im vorgeheizten Ofen bei 180 °C (Gas: Stufe 2) etwa 15 Minuten backen.

8 Sie auf den Backblechen etwas abkühlen lassen.

9 Die Plätzchen auf ein Kuchengitter geben und vor dem Servieren auskühlen lassen.

VARIATION

Man kann anstelle der Rosinen auch gehackte getrocknete Aprikosen verwenden.

TIPP

Am allerbesten und am längsten halten sich die Plätzchen in einem luftdicht verschlossenen Behälter.

Rosmarinplätzchen

Lassen Sie sich nicht dadurch abschrecken, dass in diesen Plätzchen Kräuter enthalten sind. Probieren Sie sie aus: Sie werden angenehm überrascht sein!

Für etwa 25 Stück

ZUTATEN

Butter für die Bleche
50 g weiche Butter
4 EL Feinzucker
abgeriebene Schale von 1 unbehandelten Zitrone
4 EL frisch gepresster Zitronensaft
je 1 frisches Eigelb und Eiweiß
2 TL fein gehackter frischer Rosmarin
200 g durchgesiebtes Weizenmehl Type 405
wahlweise Feinzucker zum Bestreuen

1 Zwei Backbleche leicht mit Butter ausfetten.

2 In einer Schüssel die Butter und den Zucker zu einer cremigen Masse verrühren.

3 Die Zitronenschale, den Zitronensaft sowie das Eigelb dazugeben und alles gut miteinander verquirlen. Anschließend den Rosmarin unterrühren.

4 Das Mehl hinzufügen. Alles zu einem weichen Teig verrühren. Einwickeln und 30 Minuten kühl stellen.

5 Auf einer leicht bemehlten Arbeitsfläche den Teig mit einem Nudelholz dünn ausrollen und mit einer gewellten runden Ausstechform von ca. 5 cm Ø etwa. 25 kleine Scheiben ausstechen. Die Plätzchen auf die vorbereiteten Bleche geben.

6 Das Eiweiß leicht verquirlen und damit jedes Plätzchen bestreichen. Eventuell mit Feinzucker bestreuen.

7 Die Plätzchen im vorgeheizten Ofen bei 180 °C (Gas: Stufe 2) etwa 15 Minuten backen.

8 Die Plätzchen zum Abkühlen auf ein Kuchengitter geben und dann servieren.

TIPP

Die Plätzchen kann man in einem luftdichten Behälter bis zu 1 Woche aufbewahren.

VARIATION

Man kann statt des frischen auch 1 gehäuften Teelöffel getrockneten Rosmarin verwenden.

Zitrusmonde

Für jeden Liebhaber von süßem Gebäck werden diese Plätzchen mit ihrem frischen Zitrusaroma eine erfreuliche Entdeckung sein.

Für etwa 25 Stück

ZUTATEN

- Butter für die Bleche
- 100 g weiche Butter
- 100 g Feinzucker
- je 1 frisches Eigelb und Eiweiß
- 200 g Weizenmehl Type 405
- abgeriebene Schale von 1 unbehandelten Orange
- abgeriebene Schale von 1 unbehandelten Zitrone
- abgeriebene Schale von 1 unbehandelten Limette
- ca. 3 EL Orangensaft
- wahlweise Feinzucker zum Bestreuen

1 Zwei Backbleche leicht mit Butter ausfetten.

2 Zucker und Butter verrühren, dann nach und nach das Eigelb untermischen.

3 Das Mehl zu der cremigen Masse sieben und alles verrühren. Die Orangen-, Zitronen- und Limettenschalen sowie ausreichend Orangensaft dazugeben und das Ganze zu einem weichen Teig verarbeiten.

4 Den Teig auf einer leicht bemehlten Arbeitsfläche ausrollen. Scheiben von etwa 7 cm Ø ausstechen. Mit Hilfe der Ausstechform etwa ein Viertel von jeder Teigscheibe entfernen, sodass Halbmonde entstehen. Die Teigreste erneut ausrollen und ausstechen.

5 Die etwa 25 Halbmonde auf die Backbleche legen und die Oberflächen leicht mit einer Gabel anstechen.

6 Das Eiweiß leicht verquirlen und damit die Plätzchen bestreichen. Diese evtl. mit Feinzucker bestreuen.

7 Die Plätzchen im vorgeheizten Ofen bei 200 °C (Gas: Stufe 3) 12 bis 15 Minuten backen. Sie auf einem Kuchengitter abkühlen lassen und dann servieren.

TIPP

Man bewahrt die Plätzchen am besten luftdicht verschlossen auf. Tiefgekühlt halten sie sich bis zu 1 Monat.

3

4

5

Zitronenkipferl

Diese zarten, auf der Zunge zergehenden Plätzchen schmecken noch köstlicher, wenn man sie vor dem Servieren mit Puderzucker bestäubt.

Für etwa 50 Stück

ZUTATEN

Butter für die Bleche
100 g weiche Butter
150 g Feinzucker
abgeriebene Schale von
1 unbehandelten Zitrone
1 verquirltes frisches Ei
4 EL Zitronensaft
400 g Weizenmehl Type 405
1 TL Backpulver
1 EL Milch
Puderzucker zum Bestäuben

1 Mehrere Backbleche leicht mit Butter ausfetten.

2 Die Butter, den Zucker und die Zitronenschale in einer Schüssel zu einer cremigen Masse verquirlen.

3 Nach und nach das Ei sowie den Zitronensaft hinzufügen und alles jeweils gut verquirlen.

4 Das Mehl sowie das Backpulver dazusieben und alles gut vermischen. Die Milch hinzufügen und das Ganze zu einem Teig verarbeiten.

5 Den Teig auf eine leicht bemehlte Arbeitsfläche geben und in etwa 50 Portionen von gleicher Größe teilen.

6 Jedes Teigstück mit den Fingern zu einem Röllchen und dann zu einem ‚S' formen.

7 Die Plätzchen auf die Backbleche legen und im vorgeheizten Ofen bei 170 °C (Gas: Stufe 1) 15 bis 20 Minuten backen. Auf einem Kuchengitter auskühlen lassen. Zum Schluss die Plätzchen vor dem Servieren mit Puderzucker bestäuben.

VARIATION

Sie können den Plätzchen jede beliebige Form geben. Versuchen Sie's mit Kreisen, Buchstaben oder Fantasiemustern.

2

4

6

Zitronen-Schoko-Rädchen

Diese wohlschmeckenden Plätzchen werden Ihre Gäste auch durch ihren hübschen Anblick erfreuen.

Für etwa 40 Stück

ZUTATEN

Butter für die Bleche
175 g weiche Butter
300 g Feinzucker
1 verquirltes frisches Ei
400 g Weizenmehl Type 405
2 EL geschmolzene und leicht abgekühlte Zartbitterschokolade
abgeriebene Schale von 1 unbehandelten Zitrone

1 Mehrer Backbleche ausfetten und mit Mehl bestäuben.

2 Butter und Zucker in einer Schüssel zu einer cremigen Masse verrühren.

3 Nach und nach das Ei dazugeben und gut verrühren.

4 Das Mehl dazusieben und alles zu einem weichen Teig verarbeiten.

5 Die Hälfte des Teiges in eine andere Schüssel geben und die geschmolzene Schokolade darin verrühren.

6 Die Zitronenschale zu der anderen Hälfte des Teiges geben und verrühren.

7 Die beiden Teige auf einer leicht bemehlten Arbeitsfläche zu 2 Vierecken von gleicher Größe ausrollen.

8 Den Zitronenteig auf den Schokoladenteig legen. Mit Hilfe von Backpapier die beiden Teige dann von der Längsseite her aufrollen. Anschließend im Kühlschrank ruhen lassen.

9 Die Rolle in etwa 40 Scheiben schneiden. Diese auf die Backbleche legen und im vorgeheizten Ofen bei 200 °C (Gas: Stufe 3) 10 bis 12 Minuten backen, bis sie leicht goldbraun sind. Die Rädchen dann auf einem Kuchengitter auskühlen lassen und servieren.

TIPP

Wenn Sie sich das Ausrollen der Teige erleichtern wollen, legen Sie sie zwischen 2 Bögen Backpapier.

5

8

9

Weiße Schokoladenplätzchen

Hauptsächlich der weißen Schokolade verdanken diese Plätzchen ihren besonderen Geschmack.

Für 24 Stück

ZUTATEN

Butter für die Bleche
125 g weiche Butter
150 g feiner brauner Zucker
1 verquirltes frisches Ei
250 g Weizenmehl Type 405
1 Prise Salz
1/2 Pck. Trockenbackhefe
150 g grob zerbröckelte weiße Schokolade
50 g gehackte Paranüsse

1 Mehrere Backbleche leicht ausfetten.

2 Die Butter und den Zucker in einer großen Schüssel zu einer cremigen Masse verquirlen.

3 Nach und nach das Ei hinzufügen und alles jeweils gut verquirlen.

4 Das Mehl und das Salz zu der Masse sieben. Die Hefe hinzufügen und alles gut vermischen.

5 Die weiße Schokolade sowie die Paranüsse unterrühren.

6 Für jedes Plätzchen einen gehäuften Teelöffel Teigmischung auf die Bleche setzen. Dabei allerdings nicht mehr als 6 Plätzchen auf dasselbe Blech geben, da der Teig beim Backen erheblich aufgeht und die Plätzchen sonst miteinander verkleben.

7 Die Plätzchen im vorgeheizten Ofen bei 200 °C (Gas: Stufe 3) 10 bis 12 Minuten backen, bis sie goldbraun sind.

8 Zum Schluss die Plätzchen auf ein Kuchengitter geben und dort auskühlen lassen.

VARIATION

Sie können auch andere (oder gemischte) Schokoladen verwenden.

Mürbeteig-Fächerkuchen

Sie sollten diese Teigschnitten am besten zum Kaffee servieren. Zusammen mit Eiscreme ergeben sie ein köstliches Dessert.

Für 8 Stück

ZUTATEN

Butter für das Blech
125 g weiche Butter
50 g Zuckerraffinade
2 EL Puderzucker
250 g Weizenmehl Type 405
1 Prise Salz
2 TL Orangenblütenwasser
Feinzucker zum Bestreuen

1 Ein flaches rundes Backblech von etwa 20 cm Ø leicht mit Butter ausfetten.

2 Die weiche Butter, die Zukkerraffinade und den Puderzucker in einer großen Schüssel zu einer cremigen Masse verrühren.

3 Das Mehl und das Salz dazusieben. Das Orangenblütenwasser hinzufügen und das Ganze zu einem weichen Teig verrühren.

4 Den Teig auf einer leicht bemehlten Arbeitsfläche zu einem Fladen von etwa 20 cm Ø ausrollen. Damit das Blech auslegen, gut andrücken. Mit einer Gabel kleine Löcher in die Oberfläche stechen und mit einem Messer 8 fächerförmige Keile markieren sowie rundum den Teigrand etwas einritzen.

5 Den Kuchen im vorgeheizten Ofen bei 160 °C (Gas: Stufe 1) 30 bis 35 Minuten goldbraun backen, mit Feinzucker bestreuen und an den vorher markierten Stellen auseinander schneiden, sodass man 8 fächerförmige Stücke erhält. Abkühlen lassen, ehe man die einzelnen Stücke vom Blech nimmt. Zum Aufbewahren in einen luftdichten Behälter geben.

TIPP

Der Kuchen wird noch knuspriger, wenn Sie vor dem Backen 2 Esslöffel gehackte Nüsse über den Mürbeteig streuen.

Luxuriöse Mürbeteigschnitten

Diese reichhaltigen feinen Schnitten enthalten eine Schicht Karamell, die wiederum mit Schokolade überzogen ist.

Für 12 Schnitten

ZUTATEN

Butter für das Blech

FÜR DEN TEIG:
175 g Weizenmehl Type 405
125 g Butterflöckchen
50 g durchgesiebter feiner brauner Zucker

FÜR DEN BELAG:
50 g Butter
50 g feiner brauner Zucker
400 g Kondensmilch
150 g Milchschokolade

1 Ein quadratisches Backblech von etwa 23 cm Seitenlänge mit Butter ausfetten.

2 Mehl und Butter zu einer bröseligen Masse kneten. Zucker hinzufügen und alles zu einem festen Teig verkneten.

3 Damit das Blech auslegen, den Teig gut andrücken und mit einer Gabel einstechen.

4 Den Mürbeteig im vorgeheizten Ofen bei 200 °C (Gas: Stufe 3) ca. 20 Minuten backen, bis er leicht goldbraun ist. Im Blech abkühlen lassen.

5 Für den Belag die Butter, den Zucker sowie die Kondensmilch in einen beschichteten Topf geben und bei mäßiger Hitze unter ständigem Rühren erwärmen, bis die Mischung aufkocht.

6 Die Hitze reduzieren und alles 4 bis 5 Minuten köcheln lassen, bis die Masse eingedickt ist. Den Karamell auf den Mürbeteigboden streichen, abkühlen und fest werden lassen.

7 Die Schokolade in einer feuerfesten Schüssel über einem köchelnden Wasserbad zum Schmelzen bringen. Die geschmolzene Schokolade auf den Karamell streichen, an einem kühlen Ort fest werden lassen. Den Mürbeteig zum Servieren in kleine Schnitten teilen.

TIPP

Der Karamellbelag muss wirklich fest sein, ehe Sie die Schokolade darüber geben, da sich sonst beide vermischen.

Vanilleherzen

Die hübsche Form dieser klassischen Mürbeteigplätzchen wird Ihnen sicherlich ebenso zusagen wie das leckere Gebäck selbst.

Für etwa 16 Stück

ZUTATEN

Butter für das Blech
250 g Weizenmehl Type 405
150 g Butterflöckchen
150 g Feinzucker
1 TL Vanillearoma
Feinzucker zum Bestäuben

1 Ein Backblech leicht mit Butter ausfetten.

2 Das Mehl in eine große Schüssel sieben. Die Butter mit den Fingern darunter kneten, bis das Ganze eine bröselige Masse ergibt.

3 Den Zucker sowie das Vanillearoma unterrühren und die Mischung mit den Händen gut verkneten, sodass ein fester Teig entsteht.

4 Den Teig auf einer leicht bemehlten Arbeitsfläche etwa 3 cm dick ausrollen. Dann mit einer etwa 5 cm breiten und 3 cm hohen Ausstechform 12 Herzen aus dem Teig stechen.

5 Die Herzen auf das Backblech setzen und im vorgeheizten Ofen bei 180 °C (Gas: Stufe 2) 15 bis 20 Minuten backen, bis sie eine leicht goldbraune Farbe angenommen haben.

6 Die Vanilleherzen auf ein Kuchengitter geben und abkühlen lassen. Mit etwas Zucker bestreuen und servieren.

TIPP

Legen Sie für einige Wochen gut verschlossen eine Vanilleschote in ein Einmachglas mit Feinzucker. Dieser nimmt dann ein feines Vanillearoma an.

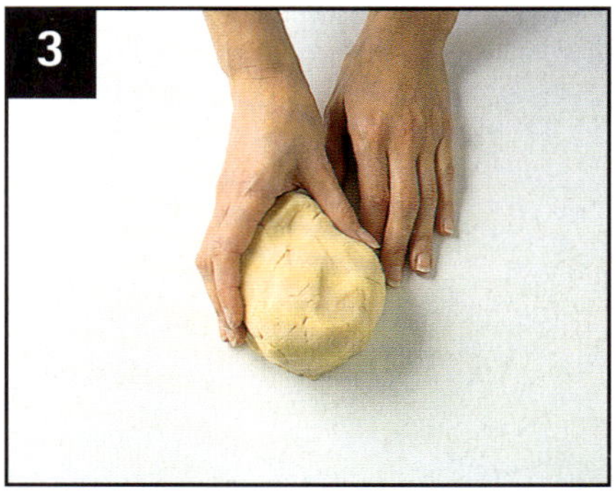

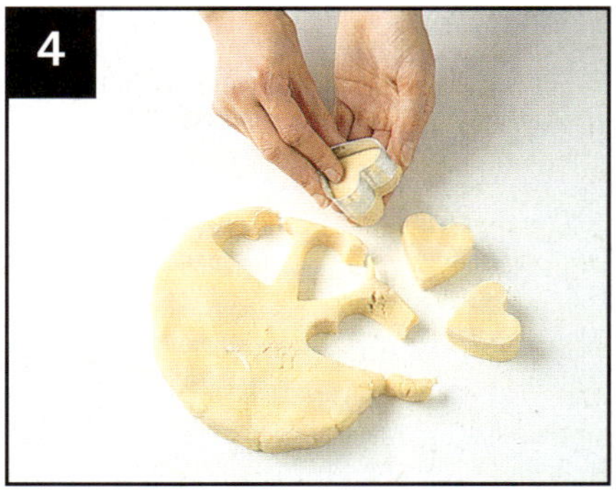

Sultaninen-Kirsch-Makronen

Wie alle Makronen, schmecken auch diese durch Sultaninen und kandierte Kirschen einladend bunten Plätzchen am allerbesten frisch aus dem Ofen.

Für 8 Stück

ZUTATEN

Butter für das Blech
200 g Weizenmehl Type 405
2 TL Backpulver
100 g in kleine Stücke geschnittene Butter
100 g brauner Rohrzucker
100 g ungeschwefelte Sultaninen
2 EL fein gehackte kandierte Kirschen
1 verquirltes frisches Ei
2 EL Milch

1 Ein Backblech leicht mit Butter ausfetten.

2 Das Mehl und das Backpulver in eine Schüssel sieben. Die Butter mit den Fingern darunter kneten, bis das Ganze eine bröselige Masse ergibt.

3 Den Zucker, die Sultaninen und die gehackten kandierten Kirschen unterrühren.

4 Das verquirlte Ei sowie die Milch hinzufügen und alles zu einem weichen Teig verrühren.

5 Den Teig in 8 gleich große Häufchen teilen und diese auf das Backblech setzen. Dabei einen ausreichend großen Abstand einhalten, da die Makronen beim Backen aufgehen.

6 Die Makronen im vorgeheizten Ofen bei 200 °C (Gas: Stufe 3) 15 bis 20 Minuten backen, bis sie fest geworden sind.

7 Sie vom Blech nehmen und entweder ofenfrisch servieren oder auf ein Kuchengitter geben und dort vorher abkühlen lassen.

TIPP

Man kann die Trockenzutaten im Voraus verarbeiten und die flüssigen erst zum Backen zugeben.

Schokoladenbrownies

Für dieses klassische Rezept aus den USA verwenden Sie möglichst hochwertige Schokolade, damit die Brownies nicht zu süß werden.

Für 12 Stück

ZUTATEN

Butter für die Form
150 g klein gebröckelte Zartbitterschokolade
225 g weiche Butter
250 g Weizenmehl Type 405
150 g Feinzucker
1/2 Pck. Trockenbackhefe
4 verquirlte frische Eier
100 g gehackte Pistazienkerne
100 g grob gehackte weiße Schokolade
Puderzucker zum Bestäuben

1 Eine quadratische Backform von etwa 23 cm Seitenlänge leicht ausfetten und mit Pergamentpapier auslegen.

2 Eine feuerfeste Schüssel in ein Wasserbad setzen und darin die Schokolade sowie die Butter schmelzen. Abkühlen lassen.

3 Mehl, Feinzucker sowie Hefe in einer Schüssel verrühren.

4 Die Eier unter die Schokomischung rühren und diese zu der Mehl-Zucker-Mischung geben. Alles gut verrühren. Die Pistazien sowie die weiße Schokolade unterrühren und das Ganze in die Backform geben. Gleichmäßig darin verteilen und glatt streichen.

5 Den Teig im vorgeheizten Ofen bei 180 °C (Gas: Stufe 2) 30 bis 35 Minuten backen, bis er fest ist. In der Form etwa 20 Minuten abkühlen lassen und dann auf ein Kuchengitter geben.

6 Den Kuchen mit Puderzucker bestäuben und nach dem Auskühlen in 12 Brownies schneiden.

TIPP

Keine Sorge, wenn der Teig nach dem Backen noch etwas weich ist. Er verfestigt sich während des Auskühlens.

Schokobiscotti

Diese italienische Spezialität aus Schokolade, Pinienkernen und Mandeln serviert man am besten nach einer Mahlzeit zum Kaffee.

Für 16 Stück

ZUTATEN

Butter für das Blech
1 frisches Ei
100 g Feinzucker
1 TL Vanillearoma
150 g Weizenmehl Type 405
1/2 TL Backpulver
1 TL Zimtpulver
50 g grob gehackte Zartbitterschokolade
50 g geröstete Mandelplättchen
50 g Pinienkerne

1 Ein großes Backblech mit Butter ausfetten.

2 Das Ei, den Zucker und das Vanillearoma in einer Schüssel mit einem Rührgerät verquirlen, bis die Mischung zähflüssig ist.

3 Mehl, Backpulver und Zimt in eine Schüssel sieben und dann unter die Eiermischung heben. Die Schokolade, die Mandeln und die Pinienkerne darin verrühren.

4 Den Teig auf eine leicht bemehlte Arbeitsfläche geben und zu einem flachen Laib von etwa 25 cm Länge und 2 cm Breite formen. Ihn auf das Backblech legen.

5 Den Teig im vorgeheizten Ofen bei 180 °C (Gas: Stufe 2) in 20 bis 25 Minuten goldbraun backen. Aus dem Ofen nehmen und etwa 5 Minuten abkühlen lassen, bis der Laib fest ist.

6 Den Laib auf ein Schneidebrett legen, mit einem gezackten Brotmesser diagonal in ca. 1 cm dicke Scheiben schneiden und diese auf das Backblech geben. Die Scheiben weitere 10 bis 15 Minuten backen, nach der Hälfte der Zeit wenden.

7 Die Biscotti auf dem Backblech etwa 5 Minuten abkühlen lassen, auf ein Kuchengitter geben und auskühlen lassen.

TIPP

Man kann die Biscotti in einem luftdicht verschlossenen Behälter bis zu 2 Wochen aufbewahren.

2

3

4

Schokoladenmakronen

Klassische, leicht klebrige Makronen erfreuen sich stets größter Beliebtheit. Durch die Zugabe von Zartbitterschokolade schmecken sie noch besser.

Für 18 Stück

ZUTATEN

Butter für die Bleche
100 g klein gebröckelte Zartbitterschokolade
2 frische Eiweiß
1 Prise Salz
200 g Feinzucker
150 g geriebene Mandeln
wahlweise Kokosraspel zum Bestreuen

1 Zwei Backbleche ausfetten und mit Back- oder Reispapier auslegen.

2 Die Schokolade im köchelnden Wasserbad schmelzen. Etwas abkühlen lassen.

3 Die Eiweiße sowie das Salz in eine andere Schüssel geben und steif schlagen.

4 Portionsweise den Zucker mit dem Eiweiß verquirlen und dann die Mandeln sowie die abgekühlte geschmolzene Schokolade darunter heben.

5 Gehäufte Teelöffel der Mischung jeweils in ausreichendem Abstand auf die Backbleche geben und zu flachen Scheiben von etwa 5 cm Ø verstreichen. Evtl. mit Kokosraspeln bestreuen.

6 Die Makronen im vorgeheizten Ofen bei 150°C (Gas: Stufe 1) etwa 25 Minuten backen, bis sie fest sind.

7 Die Makronen erst etwas abkühlen lassen und dann vorsichtig von den Blechen lösen. Auf ein Kuchengitter geben und vor dem Servieren auskühlen lassen.

TIPP

Makronen halten sich im luftdichten Behälter bis zu 2 Wochen.

VARIATION

Wer will, kann vor dem Backen auf jede Makrone noch eine halbierte kandierte Kirsche setzen.

4

4

5

Florentiner

Diese leckeren Plätzchen kann man das ganze Jahr über genießen, doch am besten passen sie in die Weihnachtszeit.

Für 8–10 Stück

ZUTATEN

50 g Butter
50 g Feinzucker
2 EL durchgesiebtes Weizenmehl Type 405
50 g gehackte Mandeln
50 g gehacktes Orangeat und Zitronat
2 EL gehackte ungeschwefelte Rosinen
2 EL gehackte kandierte Kirschen
fein abgeriebene Schale von 1/2 unbehandelten Zitrone
125 g geschmolzene Zartbitterschokolade

1 Zwei große Backbleche mit Backpapier auslegen.

2 Die Butter und den Zucker in einem kleinen Topf erhitzen, bis die Butter geschmolzen ist und der Zucker sich aufgelöst hat. Den Topf vom Herd nehmen.

3 Das Mehl dazugeben und gut verrühren. Mandeln, Orangeat und Zitronat, Rosinen, Kirschen sowie Zitronenschalen unterrühren. Die Mischung in ausreichendem Abstand teelöffelweise auf den Backblechen verteilen.

4 Alles im vorgeheizten Ofen bei 180 °C (Gas: Stufe 2) in 10 Minuten goldbraun backen.

5 Die Florentiner aus dem Ofen nehmen und noch auf den Backblechen mit Hilfe einer verstellbaren Ausstechform zu einer runden Form pressen. Anschließend auf den Blechen abkühlen lassen, bis sie fest sind, und schließlich zum Auskühlen auf ein Kuchengitter geben.

6 Die Unterseiten der Florentiner mit der Schokolade bepinseln. Mit einer Gabel wellenförmige Muster in die Schokolade ziehen und dann vor dem Servieren warten, bis sie ganz erstarrt ist.

VARIATION

Für den Überzug geht auch weiße Schokolade. Oder Sie überziehen eine Hälfte mit schwarzer und die andere mit weißer Schokolade.

2

3

5

Meringen

Diese Eischneewölkchen sind ein Traum –
leicht und luftig sowie zugleich knusprig und sahnig.

Für etwa 13 Stück

ZUTATEN

4 frische Eiweiß
1 Prise Salz
125 g Zuckerraffinade
125 g Feinzucker
300 g leicht geschlagene süße Sahne

1 Drei Backbleche jeweils mit Backpapier auslegen.

2 Die Eiweiße und das Salz in einer großen Schüssel mit einem elektrischen Handrührgerät oder einem Schneebesen sehr steif schlagen. (Der Eischnee sollte so steif sein, dass man die Schüssel umdrehen kann, ohne dass er sich bewegt oder gar herausfällt.)

3 Nach und nach die Zuckerraffinade hinzufügen und verquirlen. In diesem Arbeitsstadium sollte der Eischnee regelrecht glänzen.

4 Nach und nach den Feinzucker dazugeben. Dabei ständig alles weiter verquirlen, bis sich der Zucker vollständig im Eischnee aufgelöst hat und dieser dick, weiß und steif ist.

5 Die Baisermasse in einen Spritzbeutel mit einer gezackten Tülle von etwa 2 cm Ø füllen. Damit etwa 26 kleine Tupfer auf die Bleche spritzen.

6 Die Meringen im vorgeheizten Ofen bei 120 °C (Gas: Stufe 1/2 bis 1) etwa 90 Minuten backen, bis sie eine blassgoldene Farbe angenommen haben und leicht vom Backpapier abgelöst werden können. Über Nacht im abgeschalteten Ofen auskühlen lassen.

7 Vor dem Servieren je zwei der Meringen mit der Schlagsahne zusammenkleben. Auf einem Servierteller anrichten.

VARIATION

Wenn die Meringen noch luftiger werden sollen, ersetzen Sie die Zuckerraffinade durch Feinzucker.

Rezeptverzeichnis